정선생이 뽑은 한국과 세계의 명시 133

정선생이 뽑은
# 한국과 세계의 명시 133

2010년 1월 5일 초판 1쇄 발행

**엮은이** 한국독서교육연구회

**펴낸이** 김경희
**펴낸곳** ㈜도서출판 아테나
**주소** 서울시 마포구 서교동 395-166 서교빌딩 601호
**편집** (02)2268-6042| Fax (02)2268-9422
**홈 페이지** http://www.athenapub.co.kr
**E-mail** bookjjang@hanmail.net
**등록** 1991년 2월 22일 제 2-1134호

ⓒ 아테나 2010
ISBN 978-89-91494-58-9 43800

이 책의 저작권은 ㈜도서출판 아테나에 있습니다.
이 책 내용의 일부 또는 전부를 사용하려면 반드시 저작권자의 서면을 통한 동의를 얻어야 합니다.
책값은 뒤표지에 있습니다. 잘못된 책은 바꾸어 드립니다.

정선생이 뽑은
# 한국과 세계의 명시 133

엮음 한국독서교육연구회

contents:

- **한국의 명시**
- 001 강은교 : 내 만일 — 016
- 김광균 : 설야 — 018
- 김남조 : 너를 위하여 — 020
- 김동명 : 내 마음은 — 022
- 김동환 : 북청(北靑) 물장수 — 024
- 김동환 : 웃은 죄 — 025
- 김상용 : 남으로 창을 내겠소 — 026
- 김소월 : 산유화 — 027
- 김소월 : 진달래꽃 — 028
- 010 김소월 : 먼 후일 — 029
- 김수영 : 풀 — 030
- 김영랑 : 모란이 피기까지는 — 032
- 김영랑 : 돌담에 속삭이는 햇살같이 — 033
- 김춘수 : 꽃 — 034
- 노천명 : 사슴 — 036
- 도종환 : 내가 사랑하는 당신은 — 037
- 문정희 : 가을 노트 — 039
- 박두진 : 해 — 041
- 박목월 : 나그네 — 042
- 020 박용철 : 떠나가는 배 — 043
- 박인환 : 세월이 가면 — 045
- 박인환 : 목마와 숙녀 — 047
- 박재삼 : 달밤이 어느 새 — 050

| | | |
|---|---|---|
| 024 | 백석 : 주막 | 052 |
| 025 | 변영로 : 논개 | 053 |
| 026 | 서정주 : 무등을 보며 | 055 |
| 027 | 송수권 : 젊은 날의 초상 | 057 |
|  | 신경림 : 가난한 사랑의 노래 | 058 |
|  | 유치환 : 깃발 | 060 |
|  | 윤동주 : 자화상 | 061 |
|  | 윤동주 : 서시 | 062 |
| 032 | 이상화 : 빼앗긴 들에도 봄은 오는가 | 063 |
| 033 | 이육사 : 광야 | 066 |
| · | 이육사 : 청포도 | 067 |
| · | 이장희 : 봄은 고양이로다 | 069 |
|  | 이해인 : 기도 | 070 |
|  | 이형기 : 낙화 | 072 |
|  | 정지용 : 향수 | 074 |
| 039 | 정현종 : 그냥 | 076 |
| 040 | 정호승 : 너에게 | 078 |
|  | 정희성 : 한 그리움이 다른 그리움에게 | 080 |
|  | 조지훈 : 승무 | 081 |
|  | 한용운 : 알 수 없어요 | 083 |
|  | 한용운 : 님의 침묵(沈默) | 084 |
|  | 한하운 : 전라도 길 | 086 |
| 046 | 허영자 : 그대의 별이 되어 | 088 |
| 047 | 작자 미상 : 가시리 | 090 |
| 048 | 작자 미상 : 청산별곡 | 091 |

- 세계의 명시

|     |                              |     |
| --- | ---------------------------- | --- |
|     | 괴테 ¦ 이별                  | 094 |
|     | 구르몽 ¦ 낙엽                | 096 |
| 051 | 구르몽 ¦ 눈                  | 098 |
| 052 | 그릴파르처 ¦ 키스            | 099 |
|     | 네루다 ¦ 가을의 유서         | 100 |
|     | 다리오 ¦ 미아 나의 사랑      | 102 |
|     | 다우첸다이 ¦ 그대 눈 속에    | 104 |
|     | 단테 ¦ 아름다운 아가씨들이   | 106 |
| 057 | 던 ¦ 누구를 위하여 종은 울리 나 | 108 |
|     | 데샹 ¦ 소녀의 자화상         | 109 |
|     | 도를레앙 ¦ 내 사랑은         | 110 |
| 060 | 디킨슨 ¦ 내가 만일 애타는 한 가슴을 | 113 |
| 061 | 라게크비스트 ¦ 네 부드러운 손으로 | 114 |
|     | 랭보 ¦ 감각                  | 115 |
|     | 랭보 ¦ 나의 방랑             | 117 |
|     | 로랑생 ¦ 잊혀진 여인 마리    | 120 |
|     | 로렌스 ¦ 사랑의 고통         | 122 |
| 066 | 로세티 ¦ 기억해 줘요         | 125 |
|     | 로세티 ¦ 나 죽거든           | 126 |
|     | 롱사르 ¦ 마리에게 보내는 소네트 | 128 |
| 069 | 롱펠로우 ¦ 인생찬가          | 131 |
| 070 | 롱펠로우 ¦ 사랑하는 사람이여 | 134 |

|     |                          |     |
| --- | ------------------------ | --- |
| ·   | 릴케 : 사랑의 노래        | 135 |
| 172 | 릴케 : 가을날            | 136 |
| 173 | 뮈세 : 잊지말고 생각하시오 | 138 |
| ·   | 바울 : 사랑              | 140 |
|     | 바이런 : 이제는 더 이상 헤매지 말자 | 142 |
|     | 바이런 : 그대는 울고      | 144 |
| ·   | 발레리 : 석류            | 146 |
| ·   | 발레리 : 꿀벌            | 147 |
|     | 번스 : 내 사랑은 빨간 장미꽃 | 149 |
| 080 | 베를렌 : 거리에 비가 내리듯 | 151 |
| 081 | 베를렌 : 가을 노래       | 153 |
| ·   | 베케르 : 그대 눈 푸르다   | 155 |
| ·   | 베케르 : 카스타에게       | 156 |
|     | 부세 : 산 너머 저쪽      | 157 |
|     | 브라우닝 : 당신이 날 사랑해야 한다면 | 158 |
|     | 브라우닝 : 피파의 노래    | 159 |
|     | 브리지스 : 6월이 오면     | 161 |
|     | 블레이크 : 사랑의 비밀    | 163 |
|     | 성 프란체스코 : 평화의 기도 | 164 |
| 090 | 셰익스피어 : 노래        | 166 |
| 091 | 셰익스피어 : 사랑과 세월  | 168 |
| 092 | 셸리 : 사랑의 철학       | 171 |
| 093 | 셸리 : 음악은            | 173 |

| | | |
|---|---|---|
| | 쉴러 ǀ 사랑의 노래 | 174 |
| | 스윈번 ǀ 내 가진 것 모두 그대에게 주었나니 | 175 |
| 096 | 스펜더 ǀ 님은 얼음 | 177 |
| 097 | 스펜서 ǀ 소네트 75 | 178 |
| | 시마자키 토손 ǀ 첫사랑 | 180 |
| | 아나크레온 ǀ 사랑 | 182 |
| | 아폴리네르 ǀ 당신이 원하신다면 | 183 |
| | 아폴리네르 ǀ 미라보 다리 | 185 |
| | 예이츠 ǀ 내 사랑아 | 187 |
| | 예이츠 ǀ 하늘의 옷감 | 189 |
| | 워즈워스 ǀ 무지개 | 191 |
| 105 | 워즈워스 ǀ 수선화 | 192 |
| 106 | 위고 ǀ 황혼 | 194 |
| | 위고 ǀ 오네요! 아련한 피리 소리 | 195 |
| | 잠 ǀ 검소한 아내를 맞기 위한 기도 | 196 |
| | 장 콕도 ǀ 내 귀는 | 198 |
| | 장 콕도 ǀ 산비둘기 | 199 |
| | 지브란 ǀ 첫 키스에 대하여 | 200 |
| | 카니 ǀ 작은 것 | 202 |
| | 칼라일 ǀ 오늘 | 204 |
| 114 | 캄모아모르 ǀ 두 가지 두려움 | 206 |
| 115 | 콜리지 ǀ 마지막 환희 | 208 |
| 116 | 킬머 ǀ 나무들 | 211 |

| 117 | 테니슨 | 모랫벌을 건너며 | 213 |
| 118 | 테니슨 | 울려라 우렁찬 종이여 | 216 |
|  | 테일러 | 제비꽃 | 219 |
|  | 티즈데일 | 선물 | 221 |
|  | 포 | 애너벨 리 | 223 |
|  | 푸슈킨 | 삶이 그대를 속일지라도 | 228 |
|  | 푸슈킨 | 나 일찍이 그대를 사랑했었다 | 230 |
|  | 프로스트 | 걸어 보지 못한 길 | 233 |
|  | 프레베르 | 성냥개비 사랑 | 236 |
|  | 프레베르 | 고엽 | 237 |
| 127 | 하이네 | 그대 한 송이 꽃과 같이 | 239 |
| 128 | 하이네 | 로렐라이 | 240 |
|  | 헤세 | 흰구름 | 242 |
|  | 후드 | 옛날과 지금 | 244 |
|  | 후흐 | 그리움 | 246 |
|  | 휘트먼 | 한 그루의 떡갈나무가 | 249 |
| 133 | 휴스 | 별하나 | 252 |

한국의 명시

강은교 설악 | 김광균 너를 위하여 | 김남조 내 마음은 | 김동명 북청(北靑) 물장수 | 김동환 웃은 죄 | 김동환 남으로 창을 내겠소 | 김상용 산유화 | 김소월 진달래꽃 | 김소월 풀 | 김수영 모란이 피기까지는 | 김영랑 돌담에 속삭이는 햇살같이 | 김영랑 꽃 | 김춘수 사슴 | 노천명 내가 사랑하는 당신은 | 한가을 노트 | 문정희 해 | 박두진 나그네 | 박목월 떠나가는 배 | 박용철 세월이 가면 | 박인환 목마와 숙녀 | 박인환 달밤이 어느 새 | 박재삼 추억 | 변영로 무등을 보며 | 서정주 젊은 날의 초상 | 송수권 가난한 사랑의 노래 | 신경림 갈대 | 유치환 자화상 | 윤동주 서시 | 윤동주 빼앗긴 들에 오는가 | 이상화 빼앗아 | 이육사 청포도 | 이육사 봉은 고양이로다 | 이장희 기도 | 이해인 낙화 | 이형기 향수 | 정지용 그날 | 정현종 너에게 | 정호승 국이 다른 그음에게 | 정희성 승무 | 조지훈 알 수 없어요 | 한용운님의 침묵(沈默) | 한용운 전라도 길 | 한하운 그대의 별이 되어 | 허영자 가사리 | 상 청산별곡 | 작자 미상

한국의 명시

## 내 만일

내 만일 폭풍이라면
저 길고 튼튼한 벽 너머로
한번 보란 듯 불어올 텐데……
그래서 그대 가슴에 닿아볼 텐데……

번쩍이는 벽돌쯤 슬쩍 넘어뜨리고
벽돌 위에 꽂혀 있는 쇠막대기쯤
눈 깜짝할 새 밀쳐내고
그래서 그대 가슴 깊숙이
내 숨결 불어넣을 텐데……

내 만일 안개라면
저 길고 튼튼한 벽 너머로
슬금슬금 슬금슬금
기어들어
대들보건 휘장이건
한번 맘껏 녹여볼 텐데……
그래서 그대 피에 내 피
맞대어볼 텐데……
내 만일 종소리라면

어디든 스며드는
봄날 햇빛이라면
저 벽 너머
때 없이 빛소식 봄소식 건네주고
우리 하느님네 말씀도 전해줄 텐데……
그래서 그대 웃음 기어코 만나볼 텐데……

사랑하는 마음뿐으로
그리운 마음뿐으로

그런데 그대여
오늘밤은 참 깊구나.
질기기도 하구나.
기다려다오.
기다려다오.

강은교

**강은교** 1945~. 함경남도 홍원 출생. 시인이자 대학교수. 1968년 〈사상계〉로 등단하여 제9회 소월시문학상, 제18회 정지용문학상 등을 수상했음. 작품으로는 〈사랑비늘〉, 〈시인에게 보내는 편지〉, 〈빈자 일기〉, 〈풀잎〉 등이 있음.

## 설야(雪夜)

어느 먼– 곳의 그리운 소식이기에
이 한밤 소리 없이 흩날리느뇨.

처마 끝에 호롱불 여위어 가며
서글픈 옛 자췬 양 흰 눈이 나려

하이얀 입김 절로 가슴이 메어
마음 허공에 등불을 켜고
내 홀로 밤 깊어 뜰에 나리면
먼– 곳에 여인의 옷 벗는 소리.

희미한 눈발
이는 어느 잃어진 추억의 조각이기에
싸늘한 추회(追悔) 이리 가쁘게 설레이느뇨.

한 줄기 빛도 향기도 없이
호올로 차단한 의상(衣裳)을 하고
흰 눈은 나려 나려서 쌓여
내 슬픔 그 위에 고이 서리라.

김광균

**김광균(金光均)** 1914~1993. 경기도 개성 태생. 시인·실업가. 송도상고(松都商高) 졸업. 시 '야경차(夜警車)'를 동아일보(1930.1.12)에 발표하면서 작품 활동을 시작, 〈시인부락〉, 〈자오선〉 동인으로 활약했음. 6.25 후 실업계에 투신, 문단과는 인연을 끊고 지내다가 1970년 말부터 다시 시를 발표하기도 함. 도시적 소재와 공감각적 이미지를 즐겨 사용했으며, 작품집으로 〈와사등〉, 〈기항지〉 등이 있음.

## 너를 위하여

나의 밤기도는
길고
한 가지 말만 되풀이한다
가만히 눈뜨는 건
믿을 수 없을 만치의 축복

갓 피어난 빛으로만
속속들이 채워 넘친
환한 영혼의 내 사람아
쓸쓸히 검은 머리 풀고 누워도
이적지 못 가져본
너그러운 사랑

너를 위하여
나 살거니

소중한 건 무엇이나 너에게 주마
이미 준 것은 잊어버리고
못다 준 사랑만을 기억하리라

나의 사람아
눈이 내리는
먼 하늘에
달무리 보듯 너를 본다
오직 너를 위하여
모든 것에 이름이 있고
기쁨이 있단다
나의 사람아

김남조

**김남조(金南祚)** 1927~. 경북 대구 출생. 여류 시인. 1950년에 시 '잔상' 등으로 〈연합신문〉에 발표하면서 문단에 데뷔. 초기의 시들은 생명의 연소를 바탕으로 한 정열을 언어로 다스리는 데 주력하였으나, 점차 카톨릭적 사랑과 윤리가 작품의 배후에 확고히 자리잡음. 시집에 〈나이드의 향유〉, 〈정념의 기〉, 〈풍림의 음악〉 등이 있음.

## 내 마음은

내 마음은 호수요.
그대 노 저어 오오.
나는 그대의 흰 그림자를 안고 옥같이
그대의 뱃전에 부서지리다.

내 마음은 촛불이오.
그대 저 문을 닫아 주오.
나는 그대의 비단 옷자락에 떨며 고요히
최후의 한 방울도 남김 없이 타오리다.

내 마음은 나그네요.
그대 피리를 불어 주오.
나는 달 아래 귀를 기울이며 호젓이
나의 밤을 새이오리다.

내 마음은 낙엽이오.
잠깐 그대의 뜰에 머무르게 하오.
이제 바람이 일면 나는 또 나그네같이 외로이
그대를 떠나오리다.

김동명

**김동명(金東鳴)** 1900~1968. 시인 정치 평론가. 호는 초허(超虛). 강원도 명주 출신. 〈개벽〉 (1923.10)을 통해 문단에 등단, 해방 후에는 조선 민주당 정치부장, 이화여대 교수, 참의원을 역임했음. 시집에 〈파초〉, 〈진주만〉, 〈목격자〉와 정치 평론집에 〈적과 동지〉가 있음.

## 북청(北靑) 물장수


새벽마다 고요히 꿈길을 밟고 와서
머리맡에 찬물을 쏴— 퍼붓고는
그만 가슴을 디디면서 멀리 사라지는
북청 물장수.

물에 젖은 꿈이
북청 물장수를 부르면
그는 삐걱삐걱 소리를 치며
온 자취도 없이 다시 사라져 버린다.

날마다 아침마다 기다려지는
북청 물장수.

김동환

# 웃은 죄

지름길 묻길래 대답했지요.
물 한 모금 달라기에 샘물 떠 주고
그리고는 인사하기 웃고 받았지요.

평양성(平壤城)에 해 안 뜬대두
난 모르오.

웃은 죄(罪)밖에.

김동환

● ○ ● ● ♪ ● ●
**김동환(金東煥)** 1901~? 호는 파인(巴人). 함북 경성 태생. 일본 도쿄 대학 문과 수료. 1924년 시 동인지 〈금성〉에 시를 발표함으로써 문단에 데뷔, 다음해에 첫 시집 〈국경의 밤〉을 간행하여 신시사상 최초의 서사시로 크게 주목을 받았음. 〈삼천리〉와 순 문예지 〈삼천리 문학〉을 발간, 6.25 때 납북되었음.

## 남으로 창을 내겠소

남으로 창을 내겠소.
밭이 한참 갈이
괭이로 파고
호미론 풀을 매지요.

구름이 꼬인다 갈 리 있소.
새 노래는 공으로 들으려오.
강냉이가 익걸랑
함께 와 자셔도 좋소.

왜 사냐건
웃지요.

김상용

**김상용(金尙鎔)** 1902~1951. 호는 월파(月波). 경기도 연천 출신. 보성고보, 일본 릿쿄 대학 졸업. 〈동아일보〉(1930.11.14)에 처음으로 시를 발표했으며, 〈시원(詩苑)〉〈문장〉 등에 주로 서정시를 발표했음.

## 산유화

산에는 꽃 피네
꽃이 피네.
갈 봄 여름 없이
꽃이 피네.

산에
산에
피는 꽃은
저만치 혼자서 피어 있네.

산에서 우는 작은 새여
꽃이 좋아
산에서
사노라네.
산에는 꽃 지네
꽃이 지네.
갈 봄 여름 없이
꽃이 지네.

김소월

## 진달래꽃

나 보기가 역겨워
가실 때에는
말없이 고이 보내 드리우리다.

영변(寧邊)의 약산(藥山)
진달래꽃
아름 따다 가실 길에 뿌리우리다.

가시는 걸음걸음
놓인 그 꽃을
사뿐히 즈려밟고 가시옵소서.

나 보기가 역겨워
가실 때에는
죽어도 아니 눈물 흘리우리다.

김소월

# 먼 후일

먼 훗날 당신이 찾으시면
그때에 내 말이 '잊었노라'

당신이 속으로 나무라면
'무척 그리다가 잊었노라'

그래도 당신이 나무라면
'믿기지 않아서 잊었노라'

오늘도 어제도 아니 잊고
먼 훗날 그때에 '잊었노라'

김소월

**김소월(金素月)** 1902~1934. 본명은 정식(廷湜). 평북 정주 태생. 오산 중학에 다닐 때 김억에게 사사(師事), 배재고보 졸고. 1920년 〈창조〉에 '낭인(浪人)의 봄' 등 5편을 발표하면서 문단에 나옴. 〈개벽〉, 〈영대〉 등에 작품을 발표함. 우리 민족의 정서를 민요적 율조에 담은 대표적 민요 시인으로 꼽힘. 사업의 실패 등으로 33세에 요절했음.

# 풀

풀이 눕는다.
비를 몰아오는 동풍에 나부껴
풀은 눕고
드디어 울었다.
날이 흐려져 더 울다가
다시 누웠다.

풀이 눕는다.
바람보다도 더 빨리 눕는다.
바람보다도 더 빨리 울고
바람보다도 먼저 일어난다.

날이 흐리고 풀이 눕는다.
발목까지
발밑까지 눕는다.
바람보다 늦게 누워도
바람보다 먼저 일어나고
바람보다 늦게 울어도
바람보다 먼저 웃는다.
날이 흐리고 풀뿌리가 눕는다.

김수영

**김수영(金洙暎)** 1921~1968. 서울 태생. 일본 도쿄(東京) 상대 중퇴. 시 '묘정의 노래'를 〈예술부락〉(1945)에 발표하고, 김경린·박인환 등과 함께 〈새로운 도시와 시민들의 합창〉(1949)을 간행, 모더니스트로서 각광을 받았음. 4·19 혁명 이후 현실 비판 의식과 저항 정신을 바탕으로 한 참여시를 썼음. 시집으로 〈달나라의 장난〉, 〈거대한 뿌리〉 등이 있으며, 산문집으로 〈시여 침을 뱉으라〉 등이 있음.

## 모란이 피기까지는

모란이 피기까지는
나는 아직 나의 봄을 기다리고 있을 테요.
모란이 뚝뚝 떨어져 버린 날
나는 비로소 봄을 여읜 설움에 잠길 테요.
오월 어느 날, 그 하루 무덥던 날
떨어져 누운 꽃잎마저 시들어 버리고는
천지에 모란은 자취도 없어지고
뻗쳐오르던 내 보람 서운케 무너졌느니,
모란이 지고 말면 그뿐, 내 한 해는 다 가고 말아
삼백 예순 날 하냥 섭섭해 우옵내다.
모란이 피기까지는
나는 아직 기다리고 있을 테요, 찬란한 슬픔의 봄을.

김영랑

## 돌담에 속삭이는 햇살같이

돌담에 속삭이는 햇살같이
풀 아래 웃음 짓는 샘물같이
내 마음 고요히 고운 봄길 위에
오늘 하루 하늘을 우러르고 싶다.

새악시 볼에 떠오는 부끄럼같이
시의 가슴에 살포시 젖는 물결같이
보드레한 에메랄드 얇게 흐르는
실비단 하늘을 바라보고 싶다.

김영랑

김영랑(金永郎) 1903~1950. 본명 윤식(允植). 전남 강진 출생. 휘문의숙과 일본 도쿄 아오야마 학원에서 수학. 박용철이 발행한 〈시문학〉을 통해 문단에 데뷔, 〈문예월간〉, 〈시원(詩苑)〉, 〈문학〉 등에 한국적 정서가 담긴 아름다운 시를 발표했음. 해방 후 공보부 출판국장을 지냈고, 민족주의 진영에서 문화 운동에 진력하다가 6.25 때 사망했음. 〈영랑 시집〉, 〈영랑 시선〉 등의 시집이 있음.

# 꽃

내가 그의 이름을 불러 주기 전에는
그는 다만
하나의 몸짓에 지나지 않았다.

내가 그의 이름을 불러 주었을 때
그는 나에게 와서
꽃이 되었다.

내가 그의 이름을 불러 준 것처럼
나의 이 빛깔과 향기에 알맞은
누가 나의 이름을 불러 다오.
그에게로 가서 나도
그의 꽃이 되고 싶다.
우리들은 모두
무엇이 되고 싶다
너는 나에게 나는 너에게
잊혀지지 않는 하나의 눈짓이 되고 싶다.

김춘수

**김춘수(金春洙)** 1922~2004. 경남 충무 태생. 니혼대학(日本大學) 예술과 중퇴. 해방 1주년 기념 시화집 〈날개〉(1946.8.15)에 '애가(哀歌)'를 발표하면서 문단 활동을 시작, 마산대·경북대 교수 등을 역임했으며, 시집으로 〈구름과 장미〉, 〈기〉, 〈꽃의 소묘〉, 〈부다페스에서의 소녀의 죽음〉, 〈타령조 기타〉 등이 있음.

# 사슴

모가지가 길어서 슬픈 짐승이여,
언제나 점잖은 편 말이 없구나.
관(冠)이 향기로운 너는
무척 높은 족속이었나 보다.

물 속의 제 그림자를 들여다 보고
잃었던 전설을 생각해 내고는
어찌할 수 없는 향수(鄕愁)에
슬픈 모가지를 하고 먼 데 산을 바라본다.

노천명

**노천명(盧天命)** 1912~1957. 여류 시인. 황해도 장연 태생. 이화여전 영문과 졸업. 시 '밤의 찬미'를 〈신동아〉(1932.6)에 발표하면서 시단에 등단. 초기에는 감상적인 서정시를 썼으나 뒤에는 사랑과 종교적 참회를 그린 시를 썼음. 시집에 〈사슴의 노래〉〈노천명 시집〉〈산호림〉 등이 있음.

## 내가 사랑하는 당신은

저녁 숲에 내리는 황금빛 노을이기보다는
구름 사이에 뜬 별이었음 좋겠어
내가 사랑하는 당신은
버드나무 실가지 가볍게 딛으며 오르는 만월이기보다는
동짓달 스무날 빈 논길을 쓰다듬는 달빛이었음 싶어.

꽃분에 가꾼 국화의 우아함보다는
해가 뜨고 지는 일에 고개를 끄덕일 줄 아는 구절초이었음
해.
내 사랑하는 당신이 꽃이라면
꽃 피우는 일이 곧 살아가는 일인
콩꽃 팥꽃이었음 좋겠어.

이 세상의 어느 한 계절 화사히 피었다
시들면 자취 없는 사랑 말고
저무는 들녘일수록 더욱 은은히 아름다운

억새풀처럼 늙어갈 순 없을까
바람 많은 가을 강가에 서로 어깨를 기댄 채

우리 서로 물이 되어 흐른다면
바위를 깎거나 갯벌 허무는 밀물 썰물보다는
물오리떼 쉬어가는 저녁 강물이었음 좋겠어
이렇게 손을 잡고 한세상을 흐르는 동안
갈대가 하늘로 크고 먼 바다에 이르는 강물이었음 좋겠어

도종환

**도종환** 1954~. 충북 청주 출생. 1984년 교직에 몸담고 있던 시절, 동인지 〈분단시대〉에
'고두미 마을에서'로 등단함. 시집에는 〈고두미 마을에서〉, 〈접시꽃 당신〉, 〈내가 사랑
하는 당신은〉, 〈사람의 마을에 꽃이 진다〉 등이 있음.

## 가을 노트

그대 떠나간 후
나의 가을은
조금만 건드려도
우수수 몸을 떨었다

못다한 말
못다한 노래
까아만 씨앗으로 가슴에 담고
우리의 사랑이 지고 있었으므로

머잖아
한 잎 두 잎 아픔은 사라지고
기억만 남아
벼 베고 난 빈 들녘
고즈넉한
볏단처럼 놓이리라
사랑한다는 것은
조용히 물이 드는 것
아무에게도 말 못하고
홀로 찬바람에 흔들리는 것이지

그리고 이 세상 끝날 때
가장 깊은 살 속에
담아가는 것이지

그대 떠나간 후
나의 가을은
조금만 건드려도
우수수 옷을 벗었다
슬프고 앙상한 뼈만 남았다

문정희

**문정희** 1947~. 전남 보성 태생. 동국대 국문과 및 동 대학원을 졸업. 1969년 〈월간문학〉에 '불면', '하늘'로 등단. 일상적인 자연스러움을 독특하게 표현함. 시집으로 〈꽃숨〉, 〈문정희 시집〉, 〈혼자 무너지는 종소리〉 등이 있으며, 수필집으로 〈당당한 여자〉가 있음.

# 해

해야 솟아라. 해야 솟아라. 말갛게 씻은 얼굴 고운 해야
솟아라. 산 넘어 산 넘어서 어둠을 살라 먹고, 산 넘어서
밤새도록 어둠을 살라 먹고, 이글이글 앳된 얼굴 고운 해야
솟아라.
달밤이 싫여, 달밤이 싫여, 눈물 같은 골짜기에 달밤이
싫여, 아무도 없는 뜰에 달밤이 나는 싫여……,
해야, 고운 해야. 늬가 오면 늬가사 오면, 나는 나는 청산이
좋아라. 훨훨훨 깃을 치는 청산이 좋아라. 청산이 있으면
홀로래도 좋아라.
사슴을 따라, 사슴을 따라, 양지로 양지로 사슴을 따라
사슴을 만나면 사슴과 놀고,
칡범을 따라 칡범을 따라 칡범을 만나면 칡범과 놀고……
해야, 고운 해야. 해야 솟아라. 꿈이 아니래도 너를 만나면,
꽃도 새도 짐승도 한자리 앉아, 워어이 워어이 모두 불러
한자리 앉아 앳되고 고운 날을 누려 보리라.

**박두진**

**박두진** 1916~1998. 경기도 안성 태생. 호는 혜산(兮山). 1939년 〈문장〉 지를 통해 문단에 등단. 1946년 조지훈·박목월과 공동 시집 〈청록집〉을 발간, 세칭 '청록파(青鹿派)' 시인의 한 사람. 시집으로 〈오도〉, 〈거미의 성좌〉, 〈인간 밀림〉, 〈사도행전〉, 〈수석 열전(水石列傳)〉 등이 있음.

# 나그네

강나루 건너서
밀밭 길을

구름에 달 가듯이
가는 나그네.

길은 외줄기
남도 삼백 리

술 익는 마을마다
타는 저녁놀

구름에 달 가듯이
가는 나그네.

박목월

•••••••
**박목월(朴木月)** 1917~1978. 본명은 영종(泳鍾). 경북 경주 태생. 대구 계성중학 졸업. 1939~40년 〈문장〉지를 통하여 문단에 등단. 초기에는 소박성·향토성·민요풍 등이 조화를 이룬 짧은 서정시를 썼으나, 1950년대부터는 생활시와 사물의 본질을 추구하려는 시를 썼음. 시집으로 〈산도화〉, 〈청담(晴曇)〉, 〈경상도의 가랑잎〉 등이 있음.

## 떠나가는 배

나두야 간다.
나의 이 젊은 나이를
눈물로야 보낼 거냐.
나두야 가련다.

아늑한 이 항구인들 손쉽게야 버릴 거냐.
안개같이 물 어린 눈에도 비치나니
골짜기마다 발에 익은 묏부리 모양
주름살도 눈에 익은 아, 사랑하던 사람들.

버리고 가는 이도 못 잊는 마음
쫓겨가는 마음인들 무어 다를 거냐.
돌아다보는 구름에는 바람이 희살 짓는다.
앞 대일 언덕인들 마련이나 있을 거냐.

나두야 가련다.
나의 이 젊은 나이를
눈물로 보낼 거냐
나두야 간다.

박용철

**박용철** 1904~1938. 호는 용아(龍兒). 전남 광산 태생. 일본 교토 외국어학교와 연희전문학교 중퇴. 〈시문학〉·〈문예월간〉 등을 창간하고, 경향파 문학에 대립하여 순수문학 운동을 전개했음. 애수·회의·상징 등이 주조를 이루는 섬세한 감각의 시를 주로 썼으며. 저서에 〈박용철 시선〉, 〈박용철 전집〉 등이 있음.

## 세월이 가면

지금 그 사람 이름은 잊었지만
그 눈동자 입술은
내 가슴에 있네.

바람이 불고
비가 올 때도
나는 저 유리창 밖 가로등
그날의 밤을 잊지 못하지.

사랑은 가고 옛날은 남는 것.
여름날의 호숫가, 가을의 공원
그 벤취 위에

나뭇잎은 떨어지고,
나뭇잎은 흙이 되고,
나뭇잎에 덮여서

우리들 사랑이
사라진다 해도
지금 그 사람 이름은 잊었지만

그 눈동자 입술은
내 가슴에 있네.

내 서늘한 가슴에 있네.

박인환

## 목마와 숙녀

한잔의 술을 마시고
우리는 버지니아 울프의 생애와
목마를 타고 떠난 숙녀의 옷자락을 이야기한다
목마는 주인을 버리고
그저 방울 소리만 울리며 가을 속으로 떠났다

술병에서 별이 떨어진다
상심한 별은 내 가슴에 가볍게 부숴진다
그러한 잠시 내가 알던 소녀는 정원의 초목 옆에서 자라고

문학이 죽고 인생이 죽고
사랑의 진리마저 애증의 그림자를 버릴 때
목마를 탄 사랑의 사람은 보이지 않는다

세월은 가고 오는 것
한때는 고립을 피하여 시들어가고
이제 우리는 작별하여야 한다
술병이 바람에 쓰러지는 소리를 들으며
늙은 여류작가의 눈을 바라다 보아야 한다

등대... 불이 보이지 않아도
그저 간직한 페시미즘의 미래를 위하여
우리는 처량한 목마 소리를 기억하여야 한다

모든 것이 떠나든 죽든
그저 가슴에 남은 희미한 의식을 붙잡고
우리는 버지니아 울프의 서러운 이야기를 들어야 한다

두개의 바위틈을 지나 청춘을 찾은 뱀과 같이
눈을 뜨고 한잔의 술을 마셔야 한다
인생은 외롭지도 않고 그저 낡은 잡지의 표지처럼
통속하거늘
한탄할 그 무엇이 무서워서 우리는 떠나는 것일까

목마는 하늘에 있고 방울 소리는 귓전에 철렁거리는데
가을 바람 소리는
내 쓰러진 술병 속에서 목메어 우는데

박인환

**박인환(朴寅煥)** 1923~1956. 강원도 인제 태생. 평양의전 중퇴. 1946년부터 시를 쓰기 시작, 5인 합동 시집 〈새로운 도시와 시민들의 합창〉(1949)을 간행하여 모더니즘 시인으로서 각광을 받았음. 광복 후의 혼란과 소용돌이, 6.25의 황폐를 겪으며 현대 도시 문명의 퇴폐적인 모습과 우수를 표현했음. 시집에 〈박인환 선시집〉이 있음.

## 달밤이 어느 새

사랑하는 사람아
네 눈은 늘 달밤이 되어 있었다.

이울 줄 모르는
보름달이 떠

간혹은 기쁜 듯이
소슬바람도 어리고

나는 잘못도 없으면서
한없이 빌고 싶었다.

그런 달밤이 어느새
피와 살에 젖어

이제 눈앞에는
안개비 뿌리는 피범벅이여.

또한 사정없이
진눈깨비 날리는 살범벅이여.

박재삼

**박재삼(朴在森)** 1993~1997. 일본 도쿄 출생. 고향은 경남 삼천포. 고려대 국문과 중퇴. 1953년 〈문예〉지를 통해 등단. 소박한 일상 생활과 자연을 소재로 섬세한 여성적 가락으로 한국의 서정을 노래한 작품들을 많이 남김. 시집으로 〈춘향이 마음〉, 〈내 사랑은〉 등이 있음.

## 주막(酒幕)

호박잎에 싸오는 붕어곰은 언제나 맛있었다

부엌에는 빨갛게 질들인 팔(八)모 알상이 그 상 우엔
새파란 싸리를 그린 눈알만한 잔(盞)이 뇌었다

아들아이는 범이라고 강고기를 잘 잡는 앞니가 뻐드러진
나와 동갑이었다

울파주 밖에는 장꾼들을 따라와서 엄지의 젖을 빠는
망아지도 있었다

백석

**백석(白石)** (1912~1995) 본명은 기행. 1936년 시집 〈사슴〉으로 등단. 방언을 즐겨 쓰면서도 모더니즘을 발전적으로 수용한 작품을 많이 썼음. 작품으로 '정주성', '산지', '북방에서' 등이 유명함.

# 논개(論介)

거룩한 분노는
종교보다도 깊고
불붙는 정열(情熱)은
사랑보다도 강하다.
아, 강낭콩꽃보다도 더 푸른
그 물결 위에
양귀비꽃보다도 더 붉은
그 마음 흘러라.

아리땁던 그 아미(蛾眉)
높게 흔들리우며
그 석류(石榴) 속 같은 입술
죽음을 입맞추었네!
아, 강낭콩꽃보다도 더 푸른
그 물결 위에
양귀비꽃보다도 더 붉은
그 마음 흘러라.

흐르는 강물은
길이길이 푸르리니

그대의 꽃다운 혼
어이 아니 붉으랴.
아, 강낭콩꽃보다도 더 푸른
그 물결 위에
양귀비꽃보다도 더 붉은
그 마음 흘러라!

변영로

**변영로(卞榮魯)** 1897~1961. 호는 수주(樹州). 경기도 부천 출생. 미국 캘리포니아의 사노세 대학 수업. 동아일보 기자, 〈신동아〉 편집장을 거쳐 성균관대학 및 해군사관학교 등의 교수, 한국 펜클럽 회장 등을 역임했음. 우리나라 신시에 있어서 기교파의 선구 시인이라 할 수 있음. 저서로 〈조선의 마음〉 외에 〈수주 시문선〉, 수필집 〈명정(酩酊) 40년〉 등이 있음.

## 무등(無等)을 보며

가난이야 한낱 남루(襤褸)에 지내지 않는다.
저 눈부신 햇빛 속에 갈매빛의 등성이를 드러내고 서 있는
여름 산(山) 같은
우리들의 타고난 살결,
타고난 마음씨까지야 다 가릴 수 있으랴.

청산(靑山)이 그 무릎 아래 지란(芝蘭)을 기르듯
우리는 우리 새끼들을 기를 수밖엔 없다.
목숨이 가다 가다 농울쳐 휘어드는
오후의 때가 오거든
내외(內外)들이여, 그대들도
더러는 앉고
더러는 차라리 그 곁에 누어라.

지어미는 지애비를 물끄러미 우러러보고
지애비는 지어미의 이마라도 짚어라.

어느 가시덤풀 쑥굴헝에 놓일지라도
우리는 늘 옥돌같이 호젓이 묻혔다고 생각할 일이요
청태(靑苔)라도 자욱이 끼일 일인 것이다.

서정주

**서정주(徐廷柱)** 1915~2000. 전북 고창 태생. 호는 미당(未堂). 중앙고보를 거쳐 중앙 불교전문 강원 수학. 시 '자화상'을 〈시건설〉 7호(1935.10)에 발표, 이듬해 시 '벽'이 〈동아일보〉에 당선되었으며, 같은 해에 동인지 〈시인부락〉을 주재하면서 본격적인 작품 활동을 시작했음. 광복 후 동아일보 사회부장, 문화부장, 문교부 초대 예술과장을 거쳐 조선대, 서라벌 예대, 동국대 교수 등을 역임했음. 10여 권의 시집과 소설, 수필, 시론 등을 남겼음.

## 젊은 날의 초상

위로받고 싶은 사람에게서 위로받는
사람은 행복하다
슬픔을 나누고자 하는 사람에게서 슬픔을
나누는 사람은 행복하다
더 주고 싶어도 끝내
더 줄 것이 없는 사람은 행복하다
강 하나를 사이에 두고 그렇게도 젊은
날을 헤매인 사람은 행복하다
오랜 밤의 고통 끝에 폭설로 지는 겨울밤을
그대 창문의 불빛을 떠나지 못하는
한 사내의 그림자는 행복하다
그대 가슴속에 영원히 무덤을 파고 간 사람은
더욱 행복하다
아, 젊은 날의 고뇌여 방황이여

송수권

**송수권(宋秀權)** 1940~. 전남 고흥 태생. 서라벌예술대학 문예창작과 졸업. 1975년 〈문학사상〉 신인상에 〈산문(山門)에 기대어〉등이 당선되어 등단함. 시집에 〈산문(山門)에 기대어〉, 〈아도(啞陶)〉 등이 있으며, 산문집으로는 〈다시 산문(山門)에 기대어〉, 〈남도기행〉 등이 있음.

## 가난한 사랑의 노래

가난하다고 해서 외로움을 모르겠는가
너와 헤어져 돌아오는
눈 쌓인 골목길에 새파랗게 달빛이 쏟아지는데.
가난하다고 해서 두려움이 없겠는가
두 점을 치는 소리
방범대원의 호각소리 메밀묵 사려 소리에
눈을 뜨면 멀리 육중한 기계 굴러가는 소리.
가난하다고 해서 그리움을 버렸겠는가
어머님 보고 싶소 수없이 뇌어 보지만
집 뒤 감나무에 까치밥으로 하나 남았을
새빨간 감 바람소리도 그려보지만.
가난하다고 해서 사랑을 모르겠는가
내 볼에 와 닿던 네 입술의 뜨거움

사랑한다고 사랑한다고 속삭이던 네 숨결
돌아서는 내 등 뒤에 터지던 네 울음.
가난하다고 해서 왜 모르겠는가
가난하기 때문에 이것들을
이 모든 것들을 버려야 한다는 것을.

신경림

신경림(申庚林) 1936~. 충북 중원 출생. 동국대 영문과 졸업. 시 '낮달'·'갈대'·'석상' 등으로 〈문학예술〉(1955~6)을 통해 문단에 등단, 농촌의 현실을 통한 인간의 정서와 한(恨)·울분·고뇌 등을 끈질기게 추구하는 시를 발표하고 있음. 시집으로는 〈농무〉, 〈새재〉, 〈남한강〉 등이 있음.

# 깃발

이것은 소리없는 아우성.
저 푸른 해원(海原)을 향하여 흔드는
영원한 노스탈쟈의 손수건.
순정(純情)은 물결같이 바람에 나부끼고
오로지 맑고 곧은 이념의 푯대 끝에
애수(哀愁)는 백로처럼 날개를 펴다.
아아, 누구던가.
이렇게 슬프고도 애닮은 마음을
맨 처음 공중에 달 줄을 안 그는.

유치환

**유치환(柳致環)** 1908~1967. 시인·교육자. 호는 청마(靑馬). 경남 충무 태생. 연희전문 문과 중퇴. 시 '정적(靜寂)'을 〈문예월간〉 2호(1931.12)에 발표하여 데뷔, 이후 제 11시집 〈미루나무와 남풍〉을 출간하기까지 많은 작품을 발표했음. '의지의 시인', '생명과 시인'으로 알려지고 있음.

## 자화상

산모퉁이를 돌아 논가 외딴 우물을 홀로 찾아가선
가만히 들여다봅니다.

우물 속에는 달이 밝고 구름이 흐르고 하늘이
펼치고 파아란 바람이 불고 가을이 있습니다.

그리고 한 사나이가 있습니다.
어쩐지 그 사나이가 미워져 돌아갑니다.

돌아가다 생각하니 그 사나이가 가엾어집니다.
도로 가 들여다보니 사나이는 그대로 있습니다.

다시 그 사나이가 미워져 돌아갑니다.
돌아가다 생각하니 그 사나이가 그리워집니다.

우물 속에는 달이 밝고 구름이 흐르고 하늘이
펼치고 파아란 바람이 불고 가을이 있고
추억(追憶)처럼 사나이가 있습니다.

윤동주

## 서시(序詩)

죽는 날까지 하늘을 우러러
한 점 부끄럼이 없기를
잎새에 이는 바람에도
나는 괴로워했다.
별을 노래하는 마음으로
모든 죽어가는 것을 사랑해야지.
그리고 나한테 주어진 길을
걸어가야겠다.

오늘 밤에도 별이 바람에 스치운다.

윤동주

---

**윤동주(尹東柱)** 1917~1945. 만주 북간도(北間島) 태생. 연희전문 문과 졸업. 일본 도시샤 대학에 재학 중 항일 민족 운동에 가담했다는 혐의로 피검, 2년의 언도를 받고 후쿠오카 감옥에서 복역 중에 옥사했음. 중학 재학 중에 동시를 발표하고 연희 전문 재학 시 〈조선일보〉와 〈소년〉에 산문과 동요를 발표했음. 광복 후 그의 유고를 모은 시집 〈하늘과 바람과 별의 시〉가 발간됨.

# 빼앗긴 들에도 봄은 오는가?

지금은 남의 땅 --- 빼앗긴 들에도 봄은 오는가?

나는 온몸에 햇살을 받고
푸른 하늘 푸른 들이 맞붙은 곳으로
가르마 같은 논길을 따라 꿈속을 가듯 걸어만 간다.

입술을 다문 하늘아, 들아,
내 맘에는 내 혼자 온 것 같지를 않구나!
네가 끌었느냐, 누가 부르더냐. 답답워라, 말을 해 다오.

바람은 내 귀에 속삭이며
한 자욱도 섰지 마라, 옷자락을 흔들고.
종다리는 울타리 너머 아씨같이 구름 뒤에서 반갑다 웃네.

고맙게 잘 자란 보리밭아,
간밤 자정이 넘어 내리던 고운 비로
너는 삼단 같은 머리털을 감았구나, 내 머리조차 가뿐하다.

혼자라도 가쁘게나 가자.
마른 논을 안고 도는 착한 도랑이
젖먹이 달래는 노래를 하고, 제 혼자 어깨춤만 추고 가네.

나비 제비야 깝치지 마라.
맨드라미 들마꽃에도 인사를 해야지.
아주까리 기름을 바른 이가 지심 매던
그 들이라 다 보고 싶다.

내 손에 호미를 쥐어 다오.
살진 젖가슴과 같은 부드러운 이 흙을
발목이 시도록 밟아도 보고, 좋은 땀조차 흘리고 싶다.

강가에 나온 아이와 같이,
짬도 모르고 끝도 없이 닫는 내 혼아
무엇을 찾느냐, 어디로 가느냐, 웃어웁다, 답을 하려무나.

나는 온몸에 풋내를 띠고,
푸른 웃음 푸른 설움이 어우러진 사이로
다리를 절며 하루를 걷는다. 아마도 봄 신령이 지폈나 보다.

그러나, 지금은 --- 들을 빼앗겨 봄조차 빼앗기겠네.

이상화

**이상화(李相和)** 1901~1943. 호는 상화(尙火). 경북 대구 출생. 경성 중앙학교 수료. 일본 도쿄 아테네 프랑세에서 불문학 수학. 〈백조〉 동인으로 작품 활동 시작. 1926년 이후 여러 번 일경에 구금되었음. 중국 방랑 후 대구에서 문화.교육 사업을 하다가 위암으로 사망했음. 작품은 낭만적 경향에서 출발하여 상징적인 서정시를 주로 썼음. 주요 작품에는 〈나의 침실로〉, 〈태양의 노래〉 등이 있음.

# 광야(曠野)

까마득한 날에
하늘이 처음 열리고
어데 닭 우는 소리 들렸으랴.

모든 산맥들이
바다를 연모(戀慕)해 휘달릴 때도
차마 이곳을 범하던 못하였으리라.

끊임없는 광음(光陰)을
부지런한 계절이 피어선 지고
큰 강물이 비로소 길을 열었다. 지금 눈 내리고
매화 향기 홀로 아득하니,
내 여기 가난한 노래의 씨를 뿌려라.
다시 천고(千古)의 뒤에
백마(白馬) 타고 오는 초인(超人)이 있어
이 광야에서 목놓아 부르게 하리라.

이육사

## 청포도

내 고장 칠월은
청포도가 익어 가는 시절

이 마을 전설이 주저리주저리 열리고
먼 데 하늘이 꿈꾸며 알알이 들어와 박혀

하늘 밑 푸른 바다가 가슴을 열고
흰 돛단배가 곱게 밀려서 오면

내가 바라는 손님은 고달픈 몸으로
청포(靑袍)를 입고 찾아온다고 했으니

내 그를 맞아 이 포도를 따 먹으면
두 손은 함뿍 적셔도 좋으련

아이야, 우리 식탁엔 은쟁반에
하이얀 모시 수건을 마련해 두렴.

이육사

**이육사(李陸史)** 1904~1944. 시인·독립 운동가. 본명은 원록(源祿), 후에 활(活)로 개명. 경북 안동 태생. 베이징 대학 사학과 졸업. 시 '황혼'을 〈신조선〉(1933)에 발표하여 문단에 등단. 1937년 윤곤강 등과 동인지 〈자오선〉을 발간하기도 했음. 일제 강점기에 민족의 비극과 의지를 노래하며 일제와 맞서다가 일경에 체포되어 베이징 감옥에서 옥사했음. 작품집으로는 시집 〈청포도〉와 유고 시집 〈육사 시집〉이 있음.

# 봄은 고양이로다

꽃가루와 같이 부드러운 고양이의 털에
고운 봄의 향기(香氣)가 어리우도다.

금방울과 같이 호동그란 고양이의 눈에
미친 봄의 불길이 흐르도다.

고요히 다물은 고양이의 입술에
포근한 봄 졸음이 떠돌아라.

날카롭게 쭉 뻗은 고양이의 수염에
푸른 봄의 생기(生氣)가 뛰놀아라.

이장희

**이장희(李章熙)** 1900~1929. 호는 고월(古月). 경북 대구 태생. 1924년 시 동인지 〈금성(金星)〉을 통해 시단에 등단, 이어 〈조선문단〉 등에 시를 발표했음. 영탄·감상을 벗어나 즉흥적인 감각으로 심미적인 이미지를 표출하는 시를 썼음. 28세에 음독자살했음.

# 기도

오늘은 가장 깊고 낮은 목소리로
당신을 부르게 해 주소서

더 많은 이들을 위해
당신을 떠나보내야 했던
마리아의 비통한 가슴에 꽂힌
한 자루의 어둠으로 흐느끼게 하소서

배신의 죄를 슬피 울던
베드로의 절절한 통곡처럼
나도 당신 앞에
겸허한 어둠으로 엎드리게 하소서

죽음의 쓴 잔을 마셔
죽음보다 강해진 사랑의 주인이여

당신을 닮지 않고는
내가 감히 사랑한다고
뽐내지 말게 하소서

당신을 사랑했기에
더 깊이 절망했던 이들과 함께
오늘은 돌무덤에 갇힌
한 점 칙칙한 어둠이게 하소서

빛이신 당신과 함께 잠들어
당신과 함께 깨어날
한 점 눈부신 어둠이게 하소서

이해인

**이해인** 1945~. 강원도 양구 출생. 1964년 부산 성 베네딕트 수녀원에 입회함. 1970년 〈소년〉지에 동시 '하늘', '아침' 등으로 추천 완료함. 1976년 종신서원과 더불어 첫 시집 〈민들레의 영토〉를 출간함.

## 낙 화

가야 할 때가 언제인가를
분명히 알고 가는 이의
뒷모습은 얼마나 아름다운가.

봄 한철
격정을 인내한
나의 사랑은 지고 있다.

분분한 낙화……
결별이 이룩하는 축복에 싸여
지금은 가야 할 때,

무성한 녹음과 그리고
머지않아 열매 맺는

가을을 향하여
나의 청춘은 꽃답게 죽는다.

헤어지자
섬세한 손길을 흔들며
하롱하롱 꽃잎이 지는 어느 날

나의 사랑, 나의 결별,
샘터에 물 고이듯 성숙하는
내 영혼의 슬픈 눈.

이형기

**이형기(李炯基)** 1933~2005. 경남 진주 태생. 시인·문학 평론가. 동국대 불교과 졸업. 고등학교 때 〈문예〉(1949~50)지를 통하여 문단에 등단한 후 많은 시와 평론을 발표하였음. 1970년 이후에는 '새로운 충격의 미학'을 표방하는 쪽으로 시의 경향이 변모되었음. 시집으로 〈적막강산〉, 평론집으로 〈한국 문학의 반성〉 등이 있음.

# 향수

넓은 벌 동쪽 끝으로
옛 이야기 지즐대는 실개천이 휘돌아 나가고
얼룩백이 황소가
해설피 금빛 게으른 울음을 우는 곳
- 그 곳이 참하 꿈엔들 잊힐 리야

질화로에 재가 식어지면
비인 밭에 밤바람 소리 말을 달리고
엷은 조름에 겨운 늙으신 아버지가
짚베개를 돋아 고이시는 곳
- 그 곳이 참하 꿈엔들 잊힐 리야

흙에서 자란 내 마음
파아란 하늘빛이 그리워
함부로 쏜 화살을 찾으러
풀섶 이슬에 함초롬 휘적시던 곳
- 그 곳이 참하 꿈엔들 잊힐리야

전설 바다에 춤추는 밤물결 같은
검은 귀밑머리 날리는 어린 누이와
아무렇지도 않고 예쁠 것도 없는
사철 발 벗은 안해가
따가운 햇살을 등에 지고 이삭 줍던 곳
― 그 곳이 참하 꿈엔들 잊힐 리야

하늘에는 성근 별
알 수도 없는 모래성으로 발을 옮기고
서리 까마귀 우지짖고 지나가는 초라한 지붕
흐릿한 불빛에 돌아앉아 도란도란거리는 곳
― 그 곳이 참하 꿈엔들 잊힐 리야

정지용

**정지용** 1903~1950. 충북 옥천 출신. 휘문고보를 거쳐 교토의 도시샤 대학 영문과 졸업. 휘문고보 교원, 해방 후에는 이화여전 교수, 경향신문 편집국장을 역임함. 섬세하고 독특한 언어로 대상을 청신하게 묘사하여 한국 현대시의 새로운 국면을 개척하였음. 시집으로는 〈백록담〉, 〈정지용 시집〉이, 산문집으로는 〈문학 독본〉 등이 있음.

## 그냥

느닷없이, 미안합니다
뜻이 있는 데 길이 있어서 그렇습니다
맘대로 하라시지만
어렵습니다
길이 아니면 가지를 말라시지만
길이 어디 있습니까
아니까 갑니까
가는게 아닙니까
좋습니다
뜻대로 하십시오

나는 사랑합니까
대답해 주십시오
그 대답이 접니다
그래도 우리가 고개 숙이는 만큼의

이 땅의 인력(引力)을
운명으로 사랑합니까
사랑의 기쁨은 어느덧 사라지고
사랑의 슬픔만 영원히 남았네

정현종

**정현종(鄭玄宗)** 1939~. 서울 출생. 연세대 철학과 졸업. 1964년 〈현대문학〉지에 시 '화음'으로 등단. 〈60년대 시화집〉·〈사계〉 동인으로 활동. 고통의 한국 문학 속에서 기쁨의 언어를 노래해 온 시인으로 '바람의 시인', '자유의 시인'으로 불림. 시집으로 〈사물의 꿈〉, 〈고통의 축제〉. 〈생명의 황홀〉 등이 있음.

## 너에게

가을비 오는 날
나는 너의 우산이 되고 싶었다
너의 빈 손을 잡고
가을비 내리는 들길을 걸으며
나는 한 송이
너의 들국화를 피우고 싶었다

오직 살아야 한다고
바람 부는 곳으로 쓰러져야
쓰러지지 않는다고
차가운 담벼락에 기대서서
홀로 울던 너의 흰 그림자

낙엽은 썩어서 너에게로 가고
사랑은 죽음보다 강하다는데

나는 지금 어느 곳
어느 사막 위를 걷고 있는가

나는 오늘도
바람 부는 들녘에 서서
사라지지 않는
너의 지평선이 되고 싶었다
사막 위에 피어난 들꽃이 되어
나는 너의 천국이 되고 싶었다

정호승

정호승(鄭浩承) 1950~. 대구 출생. 시인. 〈한국일보〉 신춘문예에 동시 〈석굴암을 오르는 영희〉로 등단. 1970년대와 1980년대 한국 사회의 소외된 사람들에 대해 슬프고도 따뜻한 시어로 그려냄. 주요 작품집으로 〈슬픔이 기쁨에게〉, 〈서울의 예수〉 등이 있음.

# 한 그리움이 다른 그리움에게

어느 날 당신과 내가
날과 씨로 만나서
하나의 꿈을 엮을 수만 있다면
우리들의 꿈이 만나
한 폭의 비단이 된다면
나는 기다리리, 추운 길목에서
오랜 침묵과 외로움 끝에
한 슬픔이 다른 슬픔에게 손을 주고
한 그리움이 다른 그리움의
그윽한 눈을 들여다볼 때
어느 겨울인들
우리들의 사랑을 춥게 하리
외롭고 긴 기다림 끝에
어느 날 당신과 내가 만나
하나의 꿈을 엮을 수만 있다면

정희성

**정희성** 1945~. 서울에서 태어남. 1970년 동아일보 신춘문예에 시 '변신'이 당선되어 문단에 나옴. 1981년 제1회 김수영 문학상을 수상했으며, 시집으로는 〈답청〉, 〈저문 강에 삽을 씻고〉 등이 있음.

# 승 무(僧舞)


얇은 사(紗) 하이얀 고깔은
고이 접어서 나빌레라.

파르라니 깎은 머리
박사(薄紗) 고깔에 감추오고,

두 볼에 흐르는 빛이
정작으로 고와서 서러워라.

빈 대(臺)에 황촉(黃燭)불이 말없이 녹는 밤에
오동잎 잎새마다 달이 지는데,

소매는 길어서 하늘은 넓고,
돌아설 듯 날아가며 사뿐히 접어올린 외씨 보선이여.

까만 눈동자 살포시 들어
먼 하늘 한 개 별빛에 모두우고,
복사꽃 고운 뺨에 아롱질 듯 두 방울이야
세사에 시달려도 번뇌(煩惱)는 별빛이라.

휘어져 감기우고 다시 접어 뻗는 손이
깊은 마음 속 거룩한 합장(合掌)인 양하고,

이 밤사 귀또리도 지새우는 삼경(三更)인데,
얇은 사(紗) 하이얀 고깔은 고이 접어서 나빌레라.

조지훈

**조지훈(趙芝薰)** 1920~1968. 본명은 동탁(東卓). 경북 영양 태생. 혜화 전문 졸업. '문장' 지를 통해 등단. 청록파의 한 사람. 초기에는 전아한 우리말로 민족적인 정서를 주로 노래했으나 6·25 이후에는 조국의 역사적 현실에 관심을 기울였음. 작품에 시집 〈풀잎 단장〉, 〈역사 앞에서〉 등이 있음.

# 알 수 없어요

바람도 없는 공중에 수직의 파문(波紋)을 내이며 고요히
떨어지는 오동잎은 누구의 발자취입니까.
지리한 장마 끝에 서풍에 몰려가는 무서운 검은 구름의
터진 틈으로 언뜻언뜻 보이는 푸른 하늘은 누구의
얼골입니까.
꽃도 없는 깊은 나무에 푸른 이끼를 거쳐서 옛 탑(塔) 위의
고요한 하늘을 스치는 알 수 없는 향기는 누구의
입김입니까.
근원은 알지도 못할 곳에서 나서 돌부리를 울리고 가늘게
흐르는 적은 시내는 굽이굽이 누구의 노래입니까.
연꽃 같은 발꿈치로 가이 없는 바다를 밟고, 옥 같은
손으로 끝없는 하늘을 만지면서 떨어지는 날을 곱게
단장하는 저녁놀은 누구의 시(詩)입니까.
타고 남은 재가 다시 기름이 됩니다. 그칠 줄을 모르고
타는 나의 가슴은 누구의 밤을 지키는 약한 등불입니까.

한용운

## 님의 침묵(沈默)

님은 갔습니다. 아아, 사랑하는 나의 님은 갔습니다.
푸른 산빛을 깨치고 단풍나무 숲을 향하야 난 적은 길을
걸어서, 참어 떨치고 갔습니다.
황금의 꽃같이 굳고 빛나든 옛 맹세는 차디찬 띠끌이
되야서, 한 숨의 미풍에 날어갔습니다.
날카로운 첫 키스의 추억은 나의 운명의 지침(指針)을
돌려 놓고, 뒷걸음쳐서 사러졌습니다.
나는 향기로운 님의 말소리에 귀먹고, 꽃다운 님의
얼골에 눈멀었습니다.
사랑도 사람의 일이라, 만날 때에 미리 떠날 것을
염려하고 경계하지 아니한 것은 아니지만, 이별은 뜻밖의
일이 되고 놀란 가슴은 새로운 슬픔에 터집니다.
그러나 이별을 쓸데없는 눈물의 원천(源泉)으로 만들고
마는 것은 스스로 사랑을 깨치는 것인 줄 아는 까닭에,
걷잡을 수 없는 슬픔의 힘을 옮겨서 새 희망의
정수박이에 들어부었습니다.

우리는 만날 때에 떠날 것을 염려하는 것과 같이, 떠날 때에 다시 만날 것을 믿습니다.
아아, 님은 갔지마는 나는 님을 보내지 아니하였습니다.
제 곡조를 못 이기는 사랑의 노래는 님의 침묵을 휩싸고 돕니다.

한용운

**한용운(韓龍雲)** 1879~1944. 시인·승려·독립 운동가. 법호는 만해(萬海), 용운은 법명. 충남 홍성 태생. 1905년 백담사에서 중이 되고 3.1운동 때 33인의 한 사람으로 불교계를 대표하였음. 옥중에서 쓴 '조선 독립의 서'는 후세에 남을 민족의 대문장임. 시와 소설도 썼으며, 시집 〈님의 침묵〉 외에 〈조선 불교 유신론〉, 〈불교 대전〉 등의 저서가 있음.

## 전라도 길

가도 가도 붉은 황톳길
낯선 친구 만나면
우리들 문둥이끼리 반갑다.

천안 삼거리를 지나도
쑤세미 같은 해는 서산에 남는데,

가도 가도 붉은 황톳길
숨 막히는 더위 속으로 쩔룸거리며
가는 길……
신을 벗으며
버드나무 밑에서 지까다비를 벗으면
발가락이 또 한 개 없다.

앞으로 남은 두 개의 발가락이 잘릴 때까지
가도 가도 천리 먼 전라도 길.

한하운

**한하운(韓何雲)** 1920~1975. 본명 태영(泰永). 함남 함주(咸州) 태생. 중국 베이징 대학 졸업. 나병의 재발로 월남, 한때 방랑 생활을 했으며, 6.25 동란 후 보육원장 · 출판사 대표 · 농장장 등을 역임했음. 그의 첫 시집은 나병 환자 시인 작품집으로 큰 화제를 불러 일으켰음. 자서전 〈나의 슬픈 반생기〉가 있음.

## 그대의 별이 되어

사랑은
눈멀고
귀 먹고
그래서 멍멍히 괴어 있는
물이 되는 일이다

물이 되어
그대의 그릇에
정갈히 담기는 일이다

사랑은
눈뜨이고
귀 열리고
그래서 총총히 빛나는
별이 되는 일이다

별이 되어
그대 밤하늘을
잠 안 자고 지키는 일이다

사랑은
꿈이다가 생시이다가
그 전부이다가
마침내

아무것도 아닌 것이 되는 일이다

아무것도 아닌 것이 되어
그대의 한 부름을
고즈넉이 기다리는 일이다

허영자

**허영자(許英子)** 1938~. 경북 함양 태생. 1962년 〈현대문학〉으로 등단함. 여성적인 섬세함과 강렬한 생명력이 조화된 독특한 시풍으로 '사랑과 절제의 시인'이라 불림. 1963년 김후란(金后蘭) 등과 함께 여성시인들의 순수시 동인 '청미회(靑眉會)'를 조직하여 활동함. 작품집에는 시집 〈가슴엔 듯 눈엔 듯〉, 〈어여쁨이야 어찌 꽃뿐이랴〉 등이 있고, 산문집으로 〈한송이 꽃도 당신 뜻으로〉 등이 있음.

# 가시리

가시리 가시리이꼬
버리고 가시리이꼬

날러는 어찌 살라 하고
버리고 가시리이꼬

붙잡아 둘 일이지마는
서운하면 아니 올세라

설운 임 보내옵나니
가시는 듯 돌아오소서

작자 미상

---

작자 미상 : 고려 가요임.

## 청산별곡(靑山別曲)

살어리 살어리랏다, 청산에 살어리랏다
머루랑 다래랑 먹고 청산에 살어리랏다
얄리얄리 얄랑셩 얄라리 얄라

울어라 울어라 새여, 자고 일어 울어라 새여
너보다 시름 많은 나도 자고 일어 우니노라
얄리얄리 얄랑셩 얄라리 얄라

가던 새 가던 새 본다, 물 아래 가던 새 본다
녹슬은 쟁기를 가지고 물 아래 가던 새 본다
얄리얄리 얄랑셩 얄라리 얄라

이렁저렁하여 낮은 지내왔도다
올 이도 갈 이도 없는 밤에는 또 어찌하느냐
얄리얄리 얄랑셩 얄라리 얄라

어디다 던지던 돌인고, 누구를 맞히려던 돌인고
미워할 이도 사랑할 이도 없이 맞아서 우니노라
얄리얄리 얄랑셩 얄라리 얄라
살어리 살어리랏다, 바다에 살어리랏다

나문재 굴 조개랑 먹고 바다에 살어리랏다
얄리얄리 얄랑셩 얄라리 얄라

가다가 가다가 듣노라, 마당을 돌아서 가다가 듣노라
사슴이 장대에 올라서 해금(奚琴)을 켜는 걸 듣노라
얄리얄리 얄랑셩 얄라리 얄라

가더니 배부른 독에 진한 강주(强酒)를 빚어라
조롱꽃 누룩이 매워 붙잡으니 내 어찌하리요
얄리얄리 얄랑셩 얄라리 얄라

작자 미상

**작자 미상** : 고려 가요임.

# 세계의 명시

# 이별

입으로 차마 이별의 인사를 못해
눈물어린 눈짓으로 떠난다
복받쳐 오르는 이별의 서러움
그래도 사내라고 뽐냈건만

그대 사랑의 선물마저
이제는 나의 서러움일 뿐
차갑기만 한 그대 입맞춤
이제 내미는 힘없는 그대의 손

살며시 훔친 그대의 입술
아 지난날은 얼마나 황홀했던가
들에 핀 제비꽃을 따면서

우리들은 얼마나 즐거웠던가
하지만 이제는 그대를 위해
꽃다발도 장미꽃도 꺾을 수 없어
봄은 있건만 내게는
가을인 듯 쓸쓸하기만 하다.

괴테

**괴테** (Goethe, Johann Wolfgang Von / 독일 / 1749~1832) 시인 · 소설가 · 극작가. 독일 고전주의의 대표자. 자기 체험을 바탕으로 한 고백과 참회의 작품을 많이 썼음. 작품으로는 〈파우스트〉, 〈젊은 베르테르의 슬픔〉 등이 있음.

## 낙엽

시몬, 가자 나뭇잎 져 버린 숲으로
낙엽은 이끼와 돌과 오솔길을 덮고 있다

시몬, 너는 좋으냐? 낙엽 밟는 소리가

낙엽 빛깔은 부드럽고 모양은 쓸쓸하다
낙엽은 버림받고 땅 위에 흩어져 있다

시몬, 너는 좋으냐? 낙엽 밟는 소리가

해질 무렵 낙엽 모양은 쓸쓸하다
바람에 흩어지며 낙엽은 나지막이 외친다

시몬, 너는 좋으냐? 낙엽 밟는 소리가

발길에 밟히면 낙엽은 영혼처럼 운다
낙엽은 새의 날개 소리와 여자의 옷자락 소리를 낸다

시몬, 너는 좋으냐? 낙엽 밟는 소리가

가까이 오라, 우리도 언젠가는 낙엽이 되리니
가까이 오라, 날은 이미 저물고 바람이 분다

시몬, 너는 좋으냐? 낙엽 밟는 소리가

구르몽

# 눈

시몬, 눈은 네 목처럼 희다.
시몬, 눈은 네 무릎처럼 희다.

시몬, 네 손은 눈처럼 차다.
시몬, 네 마음은 눈처럼 차다.

눈을 녹이려면 뜨거운 키스,
네 마음을 녹이는 데는 이별의 키스.

눈은 슬프다. 소나무 가지 위에서
네 이마는 슬프다, 밤색 머리칼 아래서

시몬, 네 동생 눈은 정원에 잠들었다.
시몬, 너는 나의 눈, 그리고 내 사랑.

구르몽

**구르몽** (Gourmont, Remy de / 프랑스 / 1858~1915) 시인·문예평론가·소설가로 활동. 상징주의의 대표적인 이론가로, 아름다운 사상은 아름다운 글에 있다고 주장. 저서에 〈문학 산책〉, 〈가면집〉, 〈프랑스 어의 미학〉 등이 있음.

# 키스

손 위에 하는 것은 존경의 키스
이마 위에 하는 것은 우정의 키스
뺨 위에 하는 것은 감사의 키스
입술 위에 하는 것은 사랑의 키스
감은 눈 위에라면 기쁨의 키스
손바닥 위에라면 간구의 키스
팔과 목에 하는 것은 욕망의 키스
그 밖에 하는 것은 모두 미친 짓!

그릴파르처

**그릴파르처** (Grillparzer, Franz /오스트리아/ 1791~1872) 시인이자 극작가. 그리스의 전설이나 사실을 제재로 비극이나 사극을 많이 썼음. 작품에는 〈서정시집〉, 〈사포〉, 〈금양 모피〉 등이 있음.

## 가을의 유서

가을엔 유서를 쓰리라
낙엽 되어 버린 내 시작 노트 위에
마지막 눈 감은 새의 흰 눈꺼풀 위에
혼이 빠져나간 곤충의 껍질 위에
한 장의 유서를 쓰리라

차가운 물고기의 내장과
갑자기 쌀쌀해진 애인의 목소리 위에
하루 밤새 하얗게 들어서 버린 양치식물 위에
나 유서를 쓰리라

파종된 채 아직 땅 속에 묻혀 있는
몇 개의 둥근 씨앗들과
모래 속으로 가라앉은 바닷가의
고독한 시체 위에
앞일을 걱정하며
한숨짓는 이마 위에
가을엔 한 장의 유서를 쓰리라

가장 먼 곳에서
상처처럼 떨어지는 별똥별과
내 허약한 폐에 못을 박듯이 내리는 가을비와
가난한 자가 먹다 남긴 빵 껍질 위에
지켜지지 못한 채 낯선 정류장에 머물러 있는
살아있는 자들과의 약속 위에
한 장의 유서를 쓰리라

가을이 오면 내 애인은
내 시에 등장하는 곤충과 나비들에게
이불을 덮어주고
큰곰별자리에 둘러싸여 내 유서를 소리 내어 읽으리라

네루다

네루다 (Neruda, Jan, /체코 / 1834~1891) 프라하 출신으로, 가난과 싸우면서 프라하 대학교를 졸업하고 신문 기자로 활약. 1850년대 말부터 문학 활동에 전념. 사실주의적 국민문학 창시자의 한 사람이 됨. 처녀 시집 〈묘지의 꽃〉을 비롯하여 〈우주의 노래〉, 〈발라드와 로맨스〉, 〈성(聖)금요일의 노래〉 등을 써서 낭만주의적 시점에서 민족해방을 호소했음.

## 미아 나의 사랑

미아 그대 이름
아름답다
미아 태양 빛
미아 장미와 불꽃

그대 영혼 위에
향기를 보내니
그댄 날 사랑해
오오 미아 오오 미아

여성인 그대와
남성인 나를 녹여
그대는 두 개의 동상을 만든다

외로운 그대 외로운 나
목숨이 있는 한
미아 나의 사랑

다리오

● · · ● ● / · ● ●
**다리오** (Dario, Ruben / 니카라과 / 1897~1916) 생애의 대부분을 외국에서 살면서 날 카로운 감각과 우아한 선율 그리고 치밀한 문체로 인기를 얻었으며, 스페인과 라틴아메리카의 근대시 성립에 공헌. 대표작으로 〈생명과 희망의 노래〉가 있음.

## 그대 눈 속에

그대 눈 속에
나를 쉬게 해 주세요.
그대 눈은 세상에서
가장 고요한 곳

그대의 검은 눈동자 속에
살고 싶어요.
그대의 눈동자는
아늑한 밤과 같은 평온

지상의 어두운 지평선을 떠나
단지 한 발자국이면
하늘로 올라갈 수 있나니

아, 그대 눈 속에서
내 인생은
끝이 날 것을…….

다우첸다이

**다우첸다이** (Max Dauthendey / 독일 / 1867~1918) 시인으로 동양을 사랑했음. 상징파로 출발하여 인상파 경향을 추구했으며, 자연과 사랑을 찬미한 이국 정서가 풍부한 작품을 많이 남겼음.

## 아름다운 아가씨들이

성자의 축제날 아름다운 아가씨들이
바로 내 곁을 지나갔습니다.
맨 처음 아가씨가 내 곁을 스칠 때
사랑은 우리를 마주 보게 하였습니다
타오르는 불꽃의 정령인 양
그 아가씨 눈은 아름답게 빛났고
내 마음에는 뜨거운 불길이 타올라
천사의 모습을 바라보는 듯했습니다
그 해맑고 순수한 아가씨의 눈에서 넘쳐흐르는
사랑의 속삭임을 보는 사람의 마음속에는
끝없는 행복이 넘치게 마련입니다

아아, 아름다운 아가씨는
우리에게 행복을 일깨워 주기 위해
천국에서 온 것이라 생각될 만큼
아가씨를 보기만 해도 행복해집니다

단테

● ● ● ● ● ● ● ●

**단테** (Dante, Alighieri / 이탈리아 /1265~1321) 세계 4대 시성(詩聖) 중의 한 사람. 이탈리아의 피렌체에서 태어남. 피렌체의 전쟁에 관여하였다가 추방되어 평생을 유랑하며 지냈음. 시집으로는 종교 서사시 〈신곡〉이 있으며, 평론집으로는 〈향연〉 〈제정론〉 등이 있음.

## 누구를 위하여 종은 울리나

어느 사람이든지 그 자체로써 온전한 섬은 아닐지니
모든 인간이란 대륙의 한 조각이며
또한 대양의 한 부분이어라
만일에 흙덩어리가 바닷물에 씻겨 내려가게 될지면
유럽 땅은 또 그만큼 작아질 것이며
만일에 모래벌이 그렇게 되더라도 마찬가지며
그대의 친구들이나 그대 자신의
영지가 그렇게 되어도 마찬가지어라
어느 누구의 죽음이라 할지라도 나를 감소시키나니
나란 인류 속에 포함되어 있는 존재이기 때문이라
누구를 위하여 종은 울리나
이를 위하여 사람을 보내지는 말지라
종은 바로 그대를 위하여 울리는 것이므로

던

던 (Donne, John / 영국 / 1572~1631) 연애시·풍자시를 주로 쓰다가 성직자가 된 이후에는 종교시를 주로 써 형이상 시파의 대표적인 시인이 되었음. 시집으로는 〈엑스터시〉, 〈안녕〉, 〈노래와 소네트〉 등이 있음.

## 소녀의 자화상

나는 나는 정말로 어여쁜가 봐?

이마는 환하고 얼굴은 곱고
입술은 연분홍 빛이라고
스스로 그렇게 생각하는데
내가 정말 어여쁜지 말해 주세요

내 눈은 에메랄드, 가느다란 눈썹
금발의 머리카락, 오똑 선 콧날
희디 흰 목덜미, 토실토실한 턱
나는 나는 정말로 어여쁜가 봐?

데샹

● ● ● ● ● ● ● ●

**데샹** (Deschamps, Eustache / 프랑스 / 1346~1406) 시인. 샤를 5세 시절 유럽 각지를 여행, 백년 전쟁의 비참한 현실을 묘사함. 1000편 이상의 발라드를 씀.

## 내 사랑은


내 사랑은
장미꽃과 은방울꽃이 피어나는
접시꽃도 피어나는
조그맣고 예쁜 정원 안에 있어요

조그만 정원은 즐겁고
온갖 꽃이 다 있지요
그것을 연인인 내가
밤낮으로 지킵니다

새벽마다 슬프게
노래하는 나이팅게일 새의
달콤한 꿈을 보아요
지치면 그는 쉰답니다

어느 날은 그녀가 푸른 목장에서
바이올렛 꽃을 따는 것을 보았어요
아주 짧은 순간이었지만
나는 그만 그녀의 아름다움에 빠져 버렸어요

나는 그녀의 모습을 그립니다
우유처럼 뽀얗고
어린 양처럼 부드럽고
장미처럼 붉은 그녀의 모습을

도를레앙

**도를레앙** (Dorleans, Charles / 프랑스 / 1394~1465) 우수에 찬 궁정풍의 연애를 노래한 마지막 음유시인. 시집으로 〈옥무의 노래〉가 있음.

If I can stop one heart from breaking
I shall not live in vain;
If I can ease one life the aching,
Or cool one pain,
Or help one fainting robin
Unto his nest again,

## 내가 만일 애타는 한 가슴을

내가 만일 애타는 한 가슴을
달랠 수 있다면
내 삶은 헛되지 않으리라
내가 만일 한 생명의 고통을 덜어 주거나
한 괴로움을 달래 주거나
또는 힘겨워하는 한 마리의 로빈새를 도와서
보금자리로 돌아가게 할 수 있다면
내 삶은 정녕 헛되지 않으리라

디킨슨

---

**디킨슨** (Dickinson Emily / 미국 / 1830~1886) 여류 시인. 메사추세츠 주 시골 변호사의 딸로 출생하였음. 죽은 뒤에 시가 발표되어 명성을 얻었음. 일생을 독신으로 지낸 그녀의 시는 주로 자연 · 사람 · 신 등을 주제로 노래했음.

## 네 부드러운 손으로

네 부드러운 손으로
내 눈을 감게 하면
태양이 빛나는 나라에 있는 것처럼
내 주위는 환하게 밝아진다

나를 어스름 속으로 빠뜨리려 해도
모든 것은 밝아질 뿐이다!
너는 내게 빛, 오직 빛밖에
달리 더 줄 수 있는 것이 없다네.

라게크비스트

**라게크비스트** (Lagerkvist, Par Fabian / 스웨덴 / 1891~1974) 시인 · 소설가 · 극작가. 제1차 세계 대전 후 혼란기에 근대인의 불안과 고뇌를 묘사한 작품을 썼음. 1951년 노벨 문학상을 받음. 저서에 시집 〈행복한 자의 길〉, 소설 〈형리〉 등이 있음.

# 감각

푸른 여름 저녁 오솔길에 가리
보라 향기에 취하여 풀을 밟으면
꿈꾸듯 발걸음은 가볍고
머리는 부는 바람에 시원하리.

아무 말 없이 아무 생각 없이
한없는 사랑을 가슴에 가득 안고
방랑객처럼 나는 멀리 멀리 가리.
연인과 함께 가듯 자연 속을 기꺼이 가리.

랭보

"
With fists in
ragged pockets,
off I went -
My topcoat too
on its way to
ideal.
I traveled under
skies, muse, your
vassal!
Oh! look now!
what sumptuous
loves I dreamt!

## 나의 방랑

나는 나갔다
낡은 포켓 속에 두 손을 찌르고
짧은 외투마저 알맞다
어두운 밤하늘 밑을 나는 거닐었다
나는 시신(詩神)의 종이었다
아! 얼마나 멋진 사랑을 나는 꿈꾸고 있는 것이냐

한 벌밖에 없는 무릎팍 바지에는
커다란 구멍이 나 있다
공상하기를 좋아하는 게으름뱅이
길을 가며 나는 시의 운율을 끙끙대고 생각하였다

나의 숙소는 저 아득한 별자리들
하늘에 나의 별들은 반짝이며
다정하게 나를 보고 소곤거렸다

길가에 주저앉아
나는 별들의 속삭임을 듣고 있었다
그 좋은 구월달 저녁마다
마침 장만해 둔 술과 같이

Where amid
fantastic
shadows I'd
rhyme,
While plucking
at the laces like a
harp,
On my battered
shoes, one foot
near my heart!
"

이마에 이슬 방울을 느끼며 느끼며
환상적인 물체의 그림자 속에
가락을 밟으며 칠현금을 켜는 것처럼
나는 낡은 단화의 구두끈을 잡아당기고 있었다
발을 가슴에까지 끌어올리며.

랭보

**랭보** (Rimbaud, Jean Nicolas Artur / 프랑스 / 1854~1891) 프랑스의 상징파 시인.
17세 때 시집을 발간하여 이름을 떨쳤으나 37세에 요절함. 시집으로 〈일루미나시옹〉, 〈지옥의 계절〉 등이 있음.

## 잊혀진 여인 마리

권태로운 여인보다
더 불쌍한 여인은
슬픔에 싸인 여인입니다

슬픔에 싸인 여인보다도
더 불쌍한 여인은
불행을 겪고 있는 여인입니다

불행을 겪고 있는 여인보다도
더 불쌍한 여인은
병을 앓고 있는 여인입니다

병을 앓고 있는 여인보다도
더 불쌍한 여인은
버림받은 여인입니다
버림받은 여인보다도
더 불쌍한 여인은
쫓겨난 여인입니다

쫓겨난 여인보다도
더 불쌍한 여인은
죽은 여인입니다

죽은 여인보다도
더 불쌍한 여인은
잊혀진 여인입니다

로랑생

**로랑생** (Laurencin, Marie /프랑스 / 1855~1954) 화가 · 시인. 여성스러운 섬세한 화풍을 지녔음. 시인 아폴리네르의 연인으로, 피카소 · 브라크 등 입체파 화가들과도 친분이 두터웠음.

## 사랑의 고통

작은 시냇물
황혼 빛으로 흐르고
푸르스름한 하늘이
어둑어둑 저물어 가는 풍경
이것은 거의 황홀의 경지

다들 잠자리에 든 시간
모든 말썽과 근심과 고통이
황혼 아래로 사라져 버렸네

이젠 황혼과 시냇물의
부드러운 흐름뿐
시냇물은 영원히 흘러서 가리라

그대 위한 사랑 여기 있음을
나는 깨닫는다
내 사랑을 본다
황혼과 같은 전체를 본다

내 사랑, 큰 사랑, 아주 큰 사랑
일찍이 보지 못한 사랑
작은 불빛과 불똥과 온갖 장애물
말썽과 근심과 고통으로 보지 못한 사랑

그대 부르고 나 대답하고
그대 원하고 나 완수하고
그대는 밤 나는 낮
이것 이상 무엇이 또 있을까
이것으로 완전하고 충분한 것
그대와 나 또 무엇이 있을까

하지만 알 수 없어라
왜 우리는 그래도 고통스러운가!

로렌스

**로렌스** (Lawrence, David Herbert / 영국 / 1885~1930) 소설가. 현대 문명을 비판하고 자연 본능으로서의 성과 사랑을 주제로 한 새로운 남녀 관계를 추구한 〈아들과 연인〉, 〈차타레 부인의 사랑〉 등의 걸작 소설을 남김.

Remember me when I a
gone                    awa
Gone far away into tl
silent                  lan
When you can no mo
hold me by the han

## 기억해 줘요

나를 기억해 줘요
내가 가고 없을 때
머나먼 침묵의 나라로 아주 가버렸을 때
당신이 나를 품에 안지 못하고
내 목숨이 몸부림치지 못하게 될 때

나를 기억해 줘요
우리의 장래에 대한 계획을 나에게 더 말하지 못하게 될 때
나를 기억해 줘요
그때는 의논도 기도도 할 수 없는 것을 당신은 아나니,
나를 기억해 주기만 해요
행여 나를 잠시 잊어야 할 때가 있을지라도
곧 다시 기억해 줘요

가슴 아파하지 말아요
잊지 못하고 괴로워하느니보다는
잊고서 웃는 것이 더 좋다는, 예전에
내가 가졌던 그런 생각의 흔적에서
어둠과 부패가 사라지게 되거든 기억해 줘요.

로세티

## 나 죽거든

나 죽거든 님이시여
나를 위해 슬픈 노래는 부르지 마세요
내 머리맡에는 장미도
그늘진 키프로스 나무도 심지 마세요

비에 젖고 이슬 맺힌
푸른 풀로만 나를 덮어 주세요
그리고 당신의 뜻대로 기억하시고
당신의 뜻대로 잊어 주세요

나는 나무 그림자도 못 보고
빗방울도 못 느끼겠죠
괴로워 울어대는 밤 꾀꼬리의 노래도
이제는 듣지 못할 거예요

그리고 물들지도 지지도 않는
황혼 속에서 꿈꾸며
나는 당신을 생각할 거예요
아니, 어쩌면 잊을지도 모르죠

로세티

● ● ● ● ● ● ●
**로세티** (Rossetti, Christina / 영국 / 1830~1894) 여류 시인. 경건한 가톨릭 신자로서
따뜻한 감정, 세련된 용어. 아름다운 운율이 특색인 서정시를 주로 썼음.

## 마리에게 보내는 소네트

한 다발 엮어서
보내는 이 꽃송이들
지금은 한껏 피어났지만
내일은 덧없이 지리

그대여 잊지 말아요
꽃처럼 어여쁜 그대도
세월이 지나면 시들고
덧없이 지리, 꽃처럼

세월이 간다, 세월이 간다
우리도 간다, 흘러서 간다
세월은 가고 흙 속에 묻힌다

애끓는 사랑도 죽은 다음에는
속삭일 사람이 없어지리니
사랑하기로 해요, 나의 꽃 그대여

롱사르

**롱사르** (Ronsard, Pierre de / 프랑스 / 1524~1585) 궁정 시인. 플레야드 파의 지도자로 프랑스어 옹호 운동에 앞장섬. 시집으로는 〈연애 시집〉, 〈앨렌의 소네트〉, 〈제일 오드 시집〉 등이 있음.

"

Tell me not, in mournful numbers,
Life is but an empty dream!--
For the soul is dead that slumbers,
And things are not what they seem.

## 인생찬가


내게 슬픈 사연으로 말하지 마라,
인생은 한낱 허황된 꿈에 지나지 않는다고
잠자는 영혼은 죽음이고
만물의 본체는 외양대로만은 아니란다.

인생은 진실(眞實)! 인생은 진지한 것!
무덤이 그 목표는 아니다.
너는 본래 흙이라, 흙으로 돌아가리라,
이것은 영혼을 두고 한 말은 아니었다.

우리가 가야 할 곳, 혹은 가는 길은
향락이 아니고 슬픔도 아니며,
내일의 하루하루가 오늘보다 낫도록
행동하는 그것이 인생이니라.

예술은 길고 세월은 날아간다.
우리 심장은 튼튼하고 용감하면서도,
마치 감싸진 북과 같이, 무덤을 향해
장송곡을 계속 울린다.

이 세상 넓은 싸움터에서,
인생의 노영(露營)안에서
말 못하고 쫓기는 짐승이 되지 말고,

"Let us, then, be up and doing,
With a heart for any fate;
Still achieving, still pursuing,
Learn to labor and to wait."

싸움터에 나선 영웅이 되거라!

아무리 즐거울지라도 〈미래〉를 믿지 말라!
죽은 〈과거〉로 하여금 그 죽음을 묻게 하라!
활동하라- 산 〈현재〉에 활동하라!
가슴 속에는 심장이 있고, 머리 위에는 신이 있다!

위인들의 모든 생애는 말해 주노니,
우리도 장엄한 삶을 이룰 수 있고,
이 세상 떠날 때는 시간의 모래 위에
우리의 발자욱을 남길 수 있음을.

아마도 후일에 다른 사람이,
장엄한 삶의 바다를 항해하다가,
외롭게 난파한 그 어떤 형제가 보고
다시금 용기를 얻게 될 발자국을.

그러니 우리 이제 일어나서 일하자,
어떠한 운명도 이겨낼 정신을 가지고.
끊임없이 성취하고 추구하면서,
일하고 기다리기를 함께 배우자.

롱펠로우

## 사랑하는 사람이여

사랑하는 사람이여, 편히 쉬세요.
그대를 지키러 나 여기에 왔습니다.
그대 곁이라면
그대 곁이라면
혼자 있어도 나는 기쁩니다.

그대 눈동자는 아침의 샛별
그대 입술은 한 송이 빨간 꽃

사랑하는 사람이여, 편히 쉬세요
내가 싫어하는 시계가
시간을 헤아리고 있는 동안에

롱펠로우

**롱펠로우** (Longfellow Henry Wadsworth / 미국 / 1807~1852). 시인으로, 역사와 전승 이야기가 담긴 시를 많이 썼음. 〈밤의 소리〉, 〈민요시집〉, 〈노예의 노래〉 등 서정 시집 외에 〈에반젤린〉, 〈마일즈 스탠디스의 구혼〉 등 수많은 담시를 발표하였음. 〈신곡〉 번역도 명역으로 알려져 있음.

## 사랑의 노래

그대를 사랑하지 않는다면
어떻게 나를 사랑할 수 있을까요?
오직 그대를 사랑하는 내 마음은
영원히 변하지 않을 것입니다

오! 한줄기 빛도 비치지 않는 어두운 암흑 속에서도
나는 그대를 바라볼 수 있습니다
내 영혼의 눈길로

그대와 나는 바이올린의 현처럼 서로 공명하면서
아름다운 음악을 연주하고 있습니다
그런데 어느 음악가가 우리를 연주하고 있는 것일까요
오, 달콤한 노래여

그대를 위해 나의 모든 것을 바치겠습니다
머리 끝에서 발 끝까지
나는 온통 그대만의 것입니다

릴케

## 가을날

주여, 때가 왔습니다.
지난 여름은 참으로 위대했습니다
해시계 위에 당신의 그림자를 얹으시고
들녘엔 바람을 풀어 놓아 주소서

마지막 과일들이 무르익도록 명하소서
이틀만 더 남국의 햇볕을 베푸시어
과일들의 완성을 재촉하시고,
마지막 남은 단맛이 포도주에 듬뿍 스미게 하소서

지금 집이 없는 사람은 이제 집을 짓지 않습니다
지금 혼자인 사람은 오래도록 고독을 누릴 것입니다.
밤을 밝혀 책을 읽고, 긴 편지를 쓸 것이며
낙엽이 흩날리는 날에는 가로수 사이로
이리저리 불안스레 헤맬 것입니다

릴케

**릴케** (Rilke, Reiner Maria / 독일 / 1875~1926) 20세기 최대의 독일 시인. 인상주의와 신비주의를 혼합한 근대 언어 예술의 거장. 시집으로 〈두이노의 비가〉, 〈오르포이에스에의 소네트〉가 있음. 소설로는 〈말테의 수기〉가 있고, 그 밖에 〈로댕론〉, 〈서간집〉 등이 있음.

## 잊지 말고 생각하시오


잊지 말고 생각하시오 만일 운명이
나를 그대로부터 영원히 떼어 놓거든
내 슬픈 사랑을 생각하시오
헤어진 그 시절을 생각하시오
내 마음이 살아 있는 동안은
내 마음 그대에게 말하리라
"잊지 말고 생각하시오"라고

잊지 말고 생각하시오
차디찬 땅 속에 내 찢어진 마음 잠들거든
잊지 말고 생각하시오 쓸쓸한 꽃잎이
하나 둘 내 무덤 위에 피어오르면
그대는 다시 나를 못 보시겠지요
하지만 죽지 않은 내 넋은
정다운 누이처럼 그대 곁에 돌아가겠지요
마음 가다듬고 밤은 들으라

속삭이는 소리 있어
"잊지 말고 생각하시오"하는 것을

뮈세

● . . ● ● . . ● . .

**뮈세** (Musset, de Alfred / 프랑스 / 1810~1857) 시인·소설가·극작가. 19세기 낭만파 4대 시인의 한 사람. 조숙한 작가로 18세 때 대담하고 자유 분방한 첫 시집 〈스페인과 이탈리아 이야기〉로 화려한 성공을 거둠. 관능적인 우수와 시대의 고뇌를 노래하였음.

# 사랑

사랑은 오래 참고
사랑은 온유하며
투기하는 자가 되지 아니하며
사랑은 자랑하지 아니하며
교만하지 아니하며
무례히 행치 아니하며
자기의 이익을 구하지 아니하며
성내지 아니하며
악한 것을 생각하지 아니하며
불의를 기뻐하지 아니하며
진리와 함께 기뻐하고
모든 것을 참으며
모든 것을 믿으며
모든 것을 바라며
모든 것을 견디느니라
사랑은 언제까지든지 떨어지지 아니하나
예언도 폐하고 방언도 그치고 지식도 폐하리라

그런즉 믿음, 소망, 사랑
이 세 가지는 항상 있을진대
그 중에 제일은 사랑이라

바울

**바울(Paulos)** 기독교 최초의 전도사. 열렬한 유대교도로 기독교를 박해하러 가다가 예수의 음성을 듣고 믿음을 바꾸어 기독교의 전도에 힘쓰다가 로마에서 순교하였음. 그의 사상이 성서 중 〈갈라디아서〉, 〈로마서〉에 나타나 있음.

## 이제는 더 이상 헤매지 말자

이제는 더 이상 헤매지 말자,
이토록 늦은 한밤중에
지금도 사랑은 가슴 속에 불타오르고
지금도 달 그림자 훤하게 비치지만

칼은 녹슬어 칼집은 삭고
정신을 쓰면 가슴이 헐리고
심장도 숨쉬려면 쉬어야 하고
사랑도 때로는 쉬어야 하니

밤은 사랑을 위해 있고
아침은 너무 빨리 돌아오지만
이제는 더 이상 헤매지 말자.
아련히 흐르는 달빛 사이를…

바이런

## 그대는 울고

그대 우는 걸 나는 보았네
반짝이는 눈물방울이
그 푸른 눈에 맺히는 것을
제비꽃에 앉았다 떨어지는
맑은 이슬방울처럼
그대 방긋이 웃는 걸 나는 보았네
푸른 구슬의 반짝임도
그대 곁에선 빛을 잃고 말 것을
그대의 반짝이는 눈동자
그 속에 담긴 생생한 빛
따를 바 없어라

구름이 저 먼 태양으로부터
깊고도 풍요로운 노을을 받을 때
다가오는 저녁 그림자

그 아름다운 빛을
하늘에서 씻어낼 수 없듯이
그대의 미소는
우울한 이내 마음에

맑고 깨끗한 기쁨을 주고
그 태양 같은 빛은
타오르는 불꽃같이
내 가슴 속에 찬연히 빛나네

바이런

바이런 (Byron, George Gordon / 영국 / 1788~1824) 영국의 유명한 낭만파 시인으로 영웅주의적, 자유주의적, 정열적인 애정시를 썼음. '어느 날 아침 눈을 떠 보니 갑자기 유명해졌다' 는 그의 말은 유명한 일화로 남아 있음. 그리스의 독립 전쟁에 지원하여 객사함. 시집으로 〈차일드 헤럴드의 편력〉, 〈만프래드〉 등이 있음.

## 석류

넘치는 알맹이들에 못 이겨
반쯤 벌어진 단단한 석류들,
자신의 발견물로 터질 듯한
최고의 이마들을 보는 것 같구나!

너희가 견뎌 온 나날의 해가,
오, 입벌린 석류들아,
오만으로 다져진 너희로 하여금
루비 간막이를 찢게 하였을 때,

껍질의 건조한 금빛이
어떤 힘의 요구에 따라
과즙의 빨간 보석들을 터뜨릴 때,

이 빛나는 파열은
내가 지녔던 영혼더러
자신의 은밀한 건축물을 꿈꾸게 한다.

발레리

# 꿀벌

금빛 꿀벌이여
너의 침이 그토록 예리하고
그토록 죽게 만들 정도로 날카롭다 해도
내 부드러운 꽃가루 통에는
연한 레이스로 된 꿈만이 싹틀 뿐이라네

쏘아보렴 아름다운 표주박을
그 젖가슴 위에서 사랑은 죽거나 잠든다네
주홍빛의 내 몸 중 일부분만이라도
둥글고 거부하는 그 살결에 닿도록

나는 빠르게 지나가 버리는 괴로움이
절실히 필요하다
화끈하게 잘 마무리되는 아픔이
잠드는 형벌보다 훨씬 나으리
그러므로 깨어나는 나의 감각이 있으므로
금으로 인한 끝없는 위험에 의해
그 감각이 없다면 사랑은 죽거나
잠들어 버리리

발레리

**발레리** (Val'ery, Paul / 프랑스 / 1871~1945) 시인·사상가·평론가. 상징 시인으로 출발하여 수학·물리학 등에 관심을 가짐. 20년간의 긴 침묵을 깨고 〈젊은 파르크〉란 시집으로 문학 활동을 재개함. 평론집으로 〈바리에테〉가 있음.

## 내 사랑은 빨간 장미꽃

오, 내 사랑은 빨갛게 활짝 피어난
유월의 장미꽃
내 사랑은 고운 노랫소리
멜로디 따라 흐르는 노랫소리예요

그대 진실로 아름다워
이토록 애타게 사랑해요
바닷물이 다 말라 버릴 때까지
내 사랑은 한결 같아요

바닷물이 다 말라 버릴 때까지
바위가 햇빛에 스러질 때까지
내 살아 있는 날까지
내 사랑은 한결 같아요

안녕, 내 사랑이여
우리 잠시 헤어져
천 리 만 리 떨어져 있더라도
난 다시 돌아올 거예요

번스

**번스** (Burns, Robert / 영국 / 1759~1796) 18세기 낭만파 시인임. 스코틀랜드의 농가 출생인 그는 농장 노동을 하며, 소박하고 정열적인 민요풍의 연애시를 많이 남김. 시집에는 〈스코틀랜드 가곡집〉, 〈샨터의 탬〉 등이 있음.

## 거리에 비가 내리듯

거리에 비가 내리듯
내 마음에 눈물 흐른다

가슴 속에 스며드는
이 설레임은 무엇일까

대지에도 지붕에도 내리는
빗소리의 아름다움이여
답답한 마음에
아! 비 내리는 노랫소리여

울적한 마음을 따라
까닭 모를 눈물이 내린다
웬일인가 원한도 없는데
이 슬픔은 어디서 오는가

이건 진정 까닭 모르는
가장 괴로운 고통
사랑도 없고 증오도 없는데
내 마음 한없이 괴로워라.

베를렌

## 가을 노래

가을 날
바이올린의
긴 흐느낌이

가슴 속에 스며들어
마음 설레고
쓸쓸하여라

때를 알리는
종소리에
답답하고 가슴 아파

지나간 날의
추억에
눈물 흘리어라
그래서 나는
궂은 바람에
이곳저곳

정처 없이
굴러다니는
낙엽 같아라

베를렌

**베를렌** (Verlaine, Paul / 프랑스 / 1844~1896) 파리 대학에 입학하여 법학부에서 공부하였으나 중퇴했음. 20세에 보험회사 사원과 파리 시청의 서기로 근무하면서 시를 쓰기 시작하였음. 그는 근대의 우수와 권태, 경건한 기도 따위를 정감있게 노래함. 시집으로 〈우수시집〉, 〈화려한 향연〉, 〈예지〉, 〈사랑〉 등이 있음.

## 그대 눈 푸르다

그대 눈 푸르다
수줍은 웃음은
넓은 바다에
새벽별 비친 듯하다

그대 눈 푸르다
흐르는 눈물은
제비꽃 위에 앉은
이슬방울 같다

그대 눈 푸르다
반짝이는 슬기는
밤하늘에 떨어지는
유성처럼 화려하다.

베케르

## 카스타에게

그대 한숨은 꽃잎의 한숨
그대 목소리는 백조의 노래
그대 눈빛은 태양의 빛남
그대 살결은 장미의 그것
사랑을 버린 내 마음에
그대는 생명과 희망을 주었고
사막에 자라는 한 송이 꽃과 같이
내 생명의 광야에 살고 있는 그대

베케르

**베케르** (Becquer, Gustavo Adolfo /에스파냐 / 1836~1870) 시인 · 산문 작가. 스페인의 후기 낭만파를 대표하는 시인. 섬세한 서정을 주로 시화함. 격정적인 로맨틱에서 분리시켜 사랑으로 가득찬 새로운 서정을 작품 속에 담고 있으며, 작품집으로는 〈서정시집〉, 〈전설집〉 등이 있음.

## 산 너머 저쪽

산 너머 저쪽 하늘 멀리
행복이 있다고 말들 하기에
아, 행복을 찾아갔다가
눈물만 머금고 돌아왔노라
산 너머 저쪽 하늘 저 멀리
행복이 있다고 말들 하기에

부세

**부세** (Busse, Karl / 독일 / 1872~1918) 시인 · 소설가. 신낭만풍의 서정시와 신선한 감각과 간결한 문체로 주목을 받았음. 시집으로는 〈신시집〉 등이 있음.

## 당신이 날 사랑해야 한다면

당신이 나를 사랑해야 한다면
오직 사랑을 위해서만 사랑해 주세요
그녀의 미소와 미모와 다정한 언어로 하여
나와 같은 생각을 가졌다는 이유만으로
언제나 즐거웠던 느낌만으로
사랑한다고 말하지 말아요
그대여 이런 것들은 저절로 변할 수 있고
그대를 변하게 할 수도 있답니다
그렇게 시작된 사랑은
그렇게 깨질지도 모릅니다
그대의 연민으로 내 눈물을 닦아내는
그런 사랑도 하지 말아요
그대의 위안으로 슬픔을 잊어버린 사람은
그 때문에 그대의 사랑을 잃을지도 모르니까요
오로지 사랑만을 위해 나를 사랑해 주세요
영원히 그대 사랑할 수 있도록.

브라우닝

# 피파의 노래

때는 봄
아침
일곱 시
언덕엔 이슬 방울 진주 되어 빛나고
종달새는 높이 나는데
달팽이는 가시나무 위에 웅크렸다
하나님은 하늘에 계시니
온 세계가 평화롭도다.

브라우닝

**브라우닝** ((Browning, Elizabeth Barrett / 영국 / 1806~1861) 여류 시인. 로버트 브라우닝의 아내. 연애시 '포르투칼인이 보낸 소네트'로 유명해짐. 깊은 시상을 섬세하게 표현했음.

When June is come, then all the day
I'll sit with my love in the scented hay:
And watch the sunshot palaces high,
That the white clouds build in the breezy sky.

# 6월이 오면

6월이 오면
그땐 온종일 나는
향긋한 건초더니 속에 내 사랑과 함께 앉아
산들바람 부는 하늘에
흰구름 얹어놓고
눈부신 궁전을 바라보련다

그녀는 노래를 부르고
나는 노래를 지어 주고
아름다운 시를 온종일 부르리라
남 몰래 우리 건초더미 속에 누워 있을 때
오, 인생은 즐거워
6월이 오면

브리지스

브리지스 (Bridges, Robett Seymour / 영국 / 1844~1930) 시인이자 수필가. 작품에 시집 〈단시집〉, 장시 〈미의 유언〉 등이 있음. 순수한 감정과 운율이 아름다운 시를 많이 씀.

Never seek to
tell thy love,
Love that
never told can
be;
For the gentle
wind doth move
Silently,
invisibly.

## 사랑의 비밀

사랑을 말하려 하지 말아요
사랑은 말로 할 수 없는 것
어디서 오는지 알 수 없는
눈에 보이지 않는 바람 같은 것

그때 나 사랑을 말하였지요
내 가슴속 사랑을 꺼내었더니
아, 그녀는 파랗게 질려
내 곁을 떠나고 말았어요

그녀가 내 곁을 떠나간 뒤에
방랑객 한 사람이 찾아오더니
어디로 가는지 알 수도 없게
한숨지으며 그녀를 데려갔어요

블레이크

블레이크 (Blake, William / 영국 / 1757~1827) 시인·화가·만화가. 아름다운 문체와 순수한 정열, 신비주의적 묘사가 특징임. 시집에 〈결백의 노래〉, 〈천국과 지옥의 결혼〉 등이 있음.

## 평화의 기도

나를 당신의 평화의 도구로 써 주소서.
미움이 있는 곳에 사랑을
다툼이 있는 곳에 용서를
분열이 있는 곳에 일치를
의혹이 있는 곳에 믿음을
오류가 있는 곳에 진리를
절망이 있는 곳에 희망을
어둠이 있는 곳에 빛을
슬픔이 있는 곳에
기쁨을 가져오는 자 되게 하소서.
위로받기보다는 위로하고
이해받기보다는 이해하며
사랑받기보다는 사랑하게 하여 주소서.

우리는 줌으로써 받고
용서함으로써 용서받으며
자기를 버리고 죽음으로써
영생을 얻게 됨을 깨닫게 하소서. 아멘.

성 프란체스코

**성 프란체스코** (Francesco d'Assisi / 이탈리아 1182-1226) 프란체스코회의 창립자로 20세 때 카톨릭의 성인축일(10월 4일)에 세속적인 생활을 모두 버리고 완전히 청빈한 생활을 하기로 서약. 이웃에 대한 사랑에 온몸을 바쳤음. '신의 음유시인'이라 불리우며 〈태양의 찬가〉를 비롯하여 뛰어난 시를 남겼음.

## 노래

더 이상 여름 햇볕을 두려워하지 마라
무서운 겨울의 분노 역시 마찬가지다
너는 이 세상에서의 임무를 마치고
옛집으로 돌아가 보상을 받았다
눈부신 젊은이도 아가씨도 모두
새까만 굴뚝 청소부와 마찬가지로 흙이 되리라

고귀한 사람의 언짢은 표정에 신경 쓸 필요 없고
폭군의 보복도 네게는 도달하지 않는다
입을 옷과 먹을 음식에 대한 걱정은 끝나고
약한 갈대와 강한 떡갈나무의 구별도 사라졌다
왕홀(王笏)도 학문도 의술도 모두
이 운명에 따라서 흙이 되는 것이다

더 이상 번개의 섬광을 두려워하지 마라
모든 사람이 꺼리는 천둥 역시 마찬가지다
중상과 밑도 끝도 없는 비난에 신경 쓰지 말고
기뻐하거나 슬퍼해야 할 번거로움도 끝이 났다
따로 사랑하는 젊은이들 누구라 할 것 없이
너를 본받아 뒤따라서 흙이 되리라.

셰익스피어

## 사랑과 세월

나는 진실한 마음의 결합을
조금도 방해하고 싶지 않다
다른 사람을 만나서 변한다거나
반대자에 의해 굽힌다고 하면
그런 사랑은 사랑이라 할 수가 없다
절대로 그럴 수가 없다!
사랑은 폭풍우가 몰아쳐도 결코 흔들리지 않고
영원히 고정된 이정표다
사랑은 이리저리 헤매는 모든 배에게
얼마나 높은지는 알 수 있어도
그 가치를 모르는 빛나는 별이다
장밋빛 입술과 뺨이 세월의 휘어진 낫을
비록 피할 수는 없다고 해도

사랑은 세월의 어리석은 장난감이 아니다
사랑은 한두 달 사이에 변하기는커녕
운명의 마지막 순간까지 참고 견딘다
이것이 착오라고 내 앞에서 증명되었다면
나는 글 한 줄도 쓰지 않았을 테고
아무하고도 사랑 따위는 하지 않았을 것이다

셰익스피어

**셰익스피어** (Shakespeare William / 영국 / 1564~1616) 극작가이자 시인. 희극 · 비극 · 사극에 걸쳐 많은 명작을 남겼음. 〈햄릿〉, 〈베니스의 상인〉, 〈로미오와 줄리엣〉 등 희곡 36편과 시집 〈소네트 집〉이 있음.

> The fountains mingle with the river
> And the rivers with the Ocean,
> The winds of Heaven mix for ever
> With a sweet emotion;

## 사랑의 철학

샘물이 모여서 강물이 되고
강물이 합쳐서 바다가 된다
하늘의 바람은 영원히
달콤한 감정과 섞인다

세상에 외톨이인 것은 하나도 없으며
만물은 하늘의 법칙에 따라
서로 다른 것과 어울리는데
어찌 나는 그대와 합치지 못하랴?

보라! 산은 높은 하늘에 입 맞추고
물결은 서로 껴안는다
어떤 누이꽃도 용서받지 못하리라
만일 그것이 제 오빠꽃을 업신여긴다면
햇빛은 대지를 껴안고
달빛은 바다에 입맞춤한다
이런 모든 입맞춤이 무슨 소용 있으랴
그대가 내게 입맞춤해 주지 않는다면.

셸리

Music, when soft voices
die
Vibrates in the memory.
Odors, when sweet violets
sicken
Live within the sense they
quicken.--

## 음악은

음악은 부드러운 가락이 끝날 때
우리의 추억 속에 여운을 남기고
꽃 향은 향기로운 오랑캐꽃 시들 때
깨우쳐진 느낌 속에 남아 있느니.

장미꽃 잎사귀는 장미가 죽었을 때
사랑하는 사람의 침상에 쌓이듯
이처럼 그대 가고 내 곁에 없는 날
그대 그린 마음 위에 사랑은 잠든다.

셸리

**셸리** (Shelley, Percy Bysshe / 영국 / 1792~1822) 영국의 낭만파 시인. 시인의 예언자적 사명을 선언한 시론 〈시의 옹호〉를 써서 유명해졌음. 시집으로는 〈첸치 일가〉와 극시 〈사슬에서 풀린 프로메테우스〉 등이 있음.

## 사랑의 노래

나의 고향은 어디에 있을까요?
나의 고향은 작습니다
이곳에 있다가는 저곳으로 옮겨갑니다
나의 마음을 함께 안고 갑니다
기쁨과 슬픔을 함께 줍니다
나의 고향은 바로 그대입니다

쉴러

**쉴러** (Schuler, Else Lasker / 독일 / 1757~1827) 유태계의 독일 여류 시인. 독일에서의 박해를 못 이겨 예루살렘으로 망명. 그곳에서 일생을 마쳤음.

## 내 가진 것 모두 그대에게 주었나니

그대여 더 이상 원하지 말아요
내 가진 것 모두 그대에게 주었나니
그대여 이것이 더 값지다면
모두 그대 발 밑에 내어주리다
그대를 행복하게 할 정열의 사랑과
그대를 채찍질하여 날게할 노래를

단 한 번일지라도 그대 옷깃에 스치우고
좀더 참다운 그대의 사랑을 느끼고
그대의 정다운 이야기를 듣는다면
그 무엇이 나에게 아까우리오

그대를 사모하고 그대를 호흡하며
저 하늘을 나는 그대의 날개에 쓸리우고
예쁜 그대의 발꿈치에 밟힌다면

그러나 사랑밖에는 아무것도 없나니
내어드리겠습니다
다만 이 사랑을
더 값진 것 가진 이 있거든 그에게로 가세요

더 귀한 것 가진 이 있거든 그에게로 가세요
내 가진 것이라곤
여기 그대 발 밑의 붉은 심장뿐.

스윈번

**스윈번** (Swinburne, Algernon Charles / 영국 / 1837~1909) 시인·평론가. 이교도적인 탐미주의 작품을 주로 썼음. 작품에 극시 〈칼리돈의 아탈란타〉, 〈시와 발라드〉 등이 있음.

# 님은 얼음

님은 얼음이면 나는 불
뜨거운 내 사랑에도 그대 얼음 녹지 않네
어찌 된 까닭일까
더워지는 내 사랑에
그대 얼음 더욱 굳어짐은
끓는 듯 뜨거운 내 사랑이
심장마저 얼게 하는 그대 얼음에 식지 않고
더욱더 끓어올라 불길 더욱 높아짐은
만물을 녹일 불이 얼음 더욱 얼게 하고
뼈까지 얼리는 아픔
타는 불의 기름 되니
또다시 있으랴 이보다 이상한 일
사랑은 무슨 힘이기에 천성마저 바꾸는가

스펜더

**스펜더** (Spender, Herold / 영국 / 1909~1995) 시인 · 비평가. 자전적인 색채가 강한 자기 비판적이면서 인간성이 풍부한 작품을 남겼음.

## 소네트 75

어느 날 백사장에
그녀의 이름을 썼는데
또다시 파도가 삼키고 말았네
우쭐대는 분이여, 그녀가 말했네
헛된 짓은 말아요. 언젠가는 죽을 운명인데
불멸의 것으로 하려 마세요
나 자신도 언제인가 사라져 이 모래처럼 되고
이름 또한 그와 같이 씻겨 지워질 거예요
그렇지 않소, 내가 대답했네. 천한 것은 죽어
흙으로 돌아갈지라도
당신은 명성에 의해 계속 살게 되오리다

내가 부르는 노래는
비할 바 없는 당신의 아름다움을 영원히 전하고
당신의 빛나는 이름을 하늘에 새겨 놓을 것이니
설령 죽음이 온 세계를 지배하게 되어도
우리 사랑은 살아남아
영원한 생명을 얻게 되리라

스펜서

**스펜서** (Spenser, Edumund / 영국 / 1552~1599) 시인. 개인적이며 고백적인 서정성이 짙은 시를 주로 썼음. 위의 시는 같은 제목의 연작시 89편 중 75번임. 시집으로 〈신선 여왕〉이 있음.

## 첫사랑

갓 땋아올린 앞 머리카락
사과나무 아래에 보였을 때
앞머리에 찔러놓은 꽃무늬 빗은
한 송이 꽃이 그러하듯 아름다웠다

하얀 손 정답게 내밀며
빨갛게 익은 사과를 건네주던 그대
연분홍 빛깔의 가을 열매로
난생 처음 난 그리움을 배웠다

하염없이 내쉬는 나의 한숨이
그대 머리카락에 가 닿을 적에
한없이 행복에 겨운 사랑의 잔을
그대의 의미로 채워 마셨네

과수원 사과나무 밭 아래로
언제부턴가 생겨난 이 오솔길은
누가 처음 밟아 놓은 자리일까
짐짓 물어 보면 한결 더 그리워진다

시마자키 토손

· · · · · · · ·
**시마자키 토손** (Shimazaki Toson 일본 / 1871~1943) 소설가이자 시인. 시집 〈와카나 수〉를 발표하여 낭만주의 시인으로서의 자리를 굳힘. 소설가로도 유명하여 〈파계〉〈동 방의 문〉〈집〉〈밤이 새기 전〉 등을 발표하였음.

## 사랑

나는 사랑에 빠져 있으면서도
사랑이 무엇인지를 모른다
망설임으로 해서 머뭇거리면서도
망설일 줄 또한 모른다

아나크레온

---

**아나크레온** (Anakreon / 그리스 /B.C. 572~482 경) 그리스의 이오니아에 있는 테오스에서 태어남. 우아한 시풍으로 유명하고, 사포와의 염문도 전해옴.

## 당신이 원하신다면

당신이 원하신다면
당신에게 드리리다
아침을
나의 활기찬 아침을

그리고 당신이 좋아하는
빛나는 나의 머리카락과
금빛 도는 나의 푸른 눈을

당신이 원하신다면
당신에게 드리리다
따사로운 햇살 비추는 아침에
들려오는 모든 소리와
근처 분수에서 치솟는
감미로운 물소리들을
그리고 곧이어 찾아들 석양을
내 쓸쓸한 마음의 눈물인
석양을

또한 나의 조그마한 손
그리고
당신의 마음 가까이에
있지 않으면 안 될
나의 마음을

아폴리네르

# 미라보 다리

미라보 다리 아래 세느 강은 흐르고
우리의 사랑도 흘러내린다.
괴로움에 이어서 오는 기쁨을
나는 또 꿈꾸며 기다리고 있다

밤이여 오라, 종이여 울려라
세월은 흐르고 나는 머문다

손에 손을 마주잡고 얼굴 바라보면
우리의 발 밑으로
흐르는 영원이여
오 피곤한 눈길이여

흐르는 물결이 실어가는 사랑
실어가는 사랑에
목숨만 길었구나
보람만이 뻗쳤구나

밤이여 오라, 종이여 울려라
세월은 흐르고 나는 머문다

해가 가고 달이 가고 젊음도 가면
사랑은 옛날로 갈 수도 없고
미라보 다리 아래 세느 강만 흐른다

밤이여 오라, 종이여 울려라
세월은 흐르고 나는 머문다.

아폴리네르

**아폴리네르** (Apollinaire, Guillaume / 프랑스 / 1880~1918) 소설가이자 시인. 파리에서 피카소 등과 더불어 입체파 미학을 확립하고 20세기 초반의 전위적인 예술 운동에 가담했음. 초현실주의 및 모더니즘의 선구자. 시집으로는 〈칼리그람〉 소설집으로는 〈이단 교조 주식회사〉 등이 있음.

## 내 사랑아

내 사랑 나의 사랑아
나는 누구보다 더 잘 알고 있지
무엇이 그대의 가슴을 그토록 뛰게 하는지
그대의 어머니조차도
나만큼은 모르리
그 열렬한 생각이
그녀는 부인하고 그리고 잊어버렸지만
그녀의 피를 온통 들끓게 하고
그녀의 눈을 반짝이게 할 때
그녀 때문에 내 마음 아프게 했던 게
누구인지를.

예이츠

But I, being poor, have only my dreams;
I have spread my dreams under your feet;
Tread softly because you tread on my dreams.

## 하늘의 옷감

금빛 은빛 무늬가 있는
하늘이 수놓은 옷감이
밤과 낮 어스름한 저녁때
푸르고 검은 옷감이
내게 있다면
그대의 발 밑에 깔아 줄 텐데
가난하여 가진 것 오직 꿈뿐이기에
그대 발 밑에 내 꿈을 깔았으니
사뿐히 걸으소서,
내 꿈 밟고 가는 그대여.

예이츠

**예이츠** (Yeats, William Butler / 아일랜드/ 1865~1939) 시인이자 극작가. 문예협회를 창립하여 문예 운동을 일으켰는데, 이 운동은 아일랜드 독립에 큰 공헌을 함. 1923년 노벨 문학상을 수상함. 작품에 희곡 〈캐슬린 백작 부인〉 시집 〈탑〉, 〈나선 계단〉 등이 있음.

The Child is father of the Man
And I could wish my da
to
Bound each to each
natural                          piet

## 무지개

하늘의 무지개를 바라보면
내 마음 뛰노나니.
나 어려서 그러하였고
어른 된 지금도 그러하거늘
나 늙어도 그러하리다,
아니면 이제라도 나의 목숨 거두어 가소서.

어린이는 어른의 아버지
바라노니 내 생애의 하루하루가
천성의 경건한 마음으로 이어질진저…….

워즈워스

## 수선화

산골짜기 넘어서 떠도는 구름처럼
지향없이 거닐다
나는 보았네
호숫가 나무 아래
미풍에 너울거리는
한 떼의 황금빛 수선화를

은하에서 빛나며
반짝거리는 별처럼
물가를 따라
끝없이 줄지어 피어 있는 수선화
무수한 꽃송이가
흥겹게 고개 설레는 것을

주위의 물결도 춤추었으나
기쁨의 춤은 수선화를 따르지 못했으니!
이렇게 흥겨운 꽃밭을 벗하여
어찌 시인이 흔쾌치 않으랴

나를 지켜보고 또 지켜보았지만
그 정경의 보배로움은 미처 몰랐으니

무연히 홀로 생각에 잠겨
내 자리에 누우면
고독의 축복인 속눈으로
홀연 번뜩이는 수선화
그때 내 가슴은 기쁨에 차고
수선화와 더불어 춤추노니

워즈워스

• • • • • • • •

**워즈워스** (Wordsworth, William / 영국 / 1770~1850) 영국의 낭만주의 시인. 콜리지와 함께 낸 공동 시집 〈서정 가요집〉은 낭만주의 부활의 기폭제가 되었음. '시는 강력한 감정의 자연스런 발로'라고 정의한 그는, 시집으로 〈서곡(序曲)〉, 〈영혼불멸〉 등을 남겼음.

## 황혼

황혼이다
나는 문간에 앉아 마지막 노동에 빛나는
하루의 끝을 바라본다

밤에 적셔진 대지에
나는 누더기 옷을 입은 한 노인이
미래의 수확을 밭이랑에 뿌리며 가는 것을
깊이 감동된 마음으로 본다

노인의 검고 높은 그림자는
이 깊숙한 들판을 차지하고 있다
그가 얼마나 시간의 소중함을 믿고 있는가
그것을 나는 알 것 같다.

위고

## 오네요! 아련한 피리 소리

오네요! 아련한 피리 소리
과수원에서 들려와요.
한없이 고요한 노래
목동의 노래

바람이 지나가요, 떡갈나무 그늘
연못 어두운 거울에
한없이 즐거운 노래
새들의 노래

괴로워 말아요, 어떤 근심에도
우리 사랑할지니, 영원히!
가장 매혹적인 노래
사랑의 노래!

위고

• • • • • • •

**위고** (Hugo, Victor Matie / 프랑스 / 1802~1885) 시인이자 극작가로 낭만주의의 거장. 1822년에 처녀 시집을 발표하면서 작가 생활을 했으며, 1862년 소설 〈레 미제라블〉을 완성하여 호평을 받음. 시집 〈동방 시집〉 소설 〈노트르담의 꼽추〉 등 수많은 작품을 남김.

## 검소한 아내를 맞기 위한 기도

주님
저의 아내를 검소하고 정다운 여인으로
맞게 하여 주시옵소서
저의 마음속 깊은 곳에 자리잡을
친구이게 하여 주시옵소서
우리들이 서로 손잡고 잠들게 하여 주시고
아내의 목에는 그의 앞가슴 사이
숨겨 있을 은패 달린 긴 은줄의 목걸이를
지니게 하여 주시옵소서
아내의 몸은 여름날 저녁 노을이
번져나갈 무렵 나뭇가지에 아직 잠들어 있을
살구보다도 더욱 매끄럽게 빛나며
또 따뜻하게 하여 주시옵고

우리만이 서로 포옹하며 웃음짓고 침묵할
그 귀한 깨끗함을 아내가 마음속에 지니도록
하여 주시옵소서
아내를 힘차게 하여 주시고 그리고
잠들지 못하는 저의 영혼 위에 잠든 한 떨기 꽃 위의
한 마리 꿀벌과 같이 하여 주시옵고

제가 죽는 그 날에
아내는 저의 뜬 눈을 감게 하옵고
저의 병상 위에 두 손을 모아
서로 손가락이 얽히게 하여 주시옵고
저의 죽음에 가슴 막히고 부풀어오른 괴로움으로
아내가 무릎 꿇고 기도하게 하여 주시옵소서.

잠

**잠** (Jammes, / Francis 프랑스 / 1868~1938) 시인이자 소설가. 상징주의 말기의 퇴폐성에 반발, 자연의 풍물을 종교적인 애정으로 순박하게 노래함. 스테판 말라르메와 앙드레 지드와 가까운 친구. 작품에 시집 〈새벽 종으로부터 저녁 종까지〉 등이 있음.

## 내 귀는

내 귀는 소라껍데기
그리운 바다의 물결 소리여.

장 콕도

# 산비둘기

산비둘기 두 마리가
사랑했습니다.

더 이상은
말할 수 없어요.

장 콕도

------

**장 콕도** (Jean Cocteau / 프랑스 / 1889-1963) 17세 때 문단에 데뷔하여 입체파·다다이즘 운동에 참가함. 시·소설·영화 등 예술의 모든 부문에서 천재성을 발휘했음. 소설로는 〈무서운 아이들〉, 시집으로는 〈희망봉〉 등이 있음.

## 첫 키스에 대하여

그건 여신에 의해 생명의 즙으로 채워진 잔을
마시는 첫 모금
그건 정신을 속이고 마음을 슬프게 하는 의심과 내면의
자아를 기쁨으로 넘치게 하는 믿음 사이의 경계선
그건 생명의 노래 그 시작이며 관념적인
인간 드라마의 제 1막
그건 과거의 낯설음과 미래의 밝음을 묶는 굴레 ; 감정의
침묵과 그 노래 사이의 끈
그건 네 개의 입술이 마음은 왕좌, 사랑은 왕,
성실은 왕관이라고 선언하는 말
그건 산들바람의 섬세하고 예민한 손가락이
안도의 한숨과 달콤한 신음을 하고 있는 장미의 입술을
스치는 부드러운 접촉

그건 사랑하는 이들을 무게와 길이의 세계로부터
꿈과 계시의 세계로 이끄는 신비로운 떨림의 시작
그건 향기로운 두 송이 꽃의 결합 ; 그리고 제 3의
영혼의 탄생을 향한 그들 향기의 혼합
첫 눈 마주침이 마음의 들판에 여신이 뿌린 씨와 같다면
첫 키스는 생명의 나뭇가지 끝에 핀 첫 꽃망울

지브란

**지브란** (Gibran Khalil / 미국 / 1883~1931) 레바논 태생의 소설가 · 시인 · 수필가 · 화가. 소설 〈반항의 정신〉을 써서 레바논을 침략했던 터키에 의해 추방되어 미국에서 활동했음. 저서로는 〈예언자〉, 〈폭풍우〉, 〈눈물과 웃음의 책〉 등이 있음.

## 작은 것

작은 물방울
작은 모래알
그것이 크나큰 바다가 되고
아름다운 나라가 된다

작은 '때'의 움직임
비록 하찮을지라도
그것은 마침내 영원이라고 하는
위대한 시대가 된다

조그만 친절
조그만 사랑의 말
그것이 지상을 에덴이 되게 하고
천국과 같게 만든다

조그만 자선은
젊은이의 손으로 뿌려지고
사람들에게 은혜를 입힌다
머나먼 이교도의 나라에서

카니

• • • • • • •
**카니** (Carney, Julia A / 미국/ 19세기 전반) 여류 시인. 자세한 경력은 알려져 있지 않음.

## 오늘

여기에 또 다른
희망찬 새 날이 밝아온다
생각하라, 그대는 이 날을
쓸모없이 흘려보내려 하는가?

이 새 날은
영원으로부터 생겨나고
밤이 오면 또한
영원으로 돌아간다

우리는 시간 앞에서 그것을 보지만,
누구도 그 실체를 본 사람 없고,
또한 그것은 바로
모든 눈에 영원히 보이지 않게 된다

여기에 또 다른
희망찬 새 날이 밝아온다
생각하라, 그대는 이 날을
쓸모없이 흘려보내려 하는가?

칼라일

**칼라일** (Carlyle, Thomas / 영국 / 1795~1881) 사상가 · 평론가 · 역사가. 물질주의와 공리주의에 반대하여 인간 정신을 중시하는 이상주의를 제창하였음. 저서에 자전적인 〈의상 철학〉을 비롯하여 〈프랑스 혁명사〉, 〈영웅 숭배론〉 등이 있음.

## 두 가지 두려움

그날 그 밤이 다가왔습니다.
그녀는 내게서 피하면서 말했습니다.
왜 옆으로 다가오시나요?
아아 당신이 정말 두려워요

그리고 그 밤은 지나갔습니다.
그녀는 바싹 다가오며 말했습니다.
왜 옆에서 피하시나요
아아 당신이 없으면 두려워요

캄포아모르

---

**캄모아모르** (Campoamor Composore, Ramo'n de / 에스파냐 / 1817~1901) 시인. 사색적인 시풍을 특색으로 하며, '들로라(Dolorar)', '우모라다(Humoradas)' 라는 시의 형식을 만들어 내기도 함. 작품에 〈상냥한 말〉, 〈영혼의 탄식〉 등이 있음.

## 마지막 환희

시냇가를 한가롭게 돌아다니던 시절에는
사랑이 왜 필요한지 눈치도 못 챘지요
그러나 우리 사랑은 자연 그대로였고
희미한 안개에 둥둥 떠다니며
산과 들을 다스리는 평화로움에
우린 고집을 꺾고 고분고분 젖어들었지요
우린 영혼과 정신, 뜨거운 마음까지 하나가 되어
슬기롭게 사랑을 탐닉하면서도
왜 사랑에 빠졌는지 묻지도 않았어요
그리고 시냇가에 깃들인 미지의 환희도
맘껏 맛보았어요
그러나 나는 이제야 그대가
얼마나 내게 소중했는지 새삼 깨달아요

눈으로 볼 수 없는 그 눈부신 아름다움
귀로 들을 수 없는 그 달콤한 노래
대자연의 그 어떤 보물보다도
사랑하는 사람이 더욱 소중한 것을
나는 이제야 겨우 깨닫고 있어요
아아, 이제는 다른 이들의 즐거움을 위해
시냇물은 노래 부르고 산과 들은
영원히 단잠을 자고 있다니!

콜리지

**콜리지** (Coleridge, Samuel Taylor / 영국 / 1772~1834) 1789년에 워즈워스와 더불어 공동 시집 〈서정시집〉을 출판하여 영국 낭만파의 거장으로 떠올랐음. 그의 설화시인 '늙은 선원의 노래'는 영국 시 사상 최대 걸작의 하나로 꼽히고 있음.

> A tree that may in summer wear
> A nest of robins in her hair;
> Upon whose bosom snow has lain;
> Who intimately lives with rain.
> Poems are made by fools like me,
> But only God can make a tree.

# 나무들

나무처럼 사랑스러운 시를 결코
볼 수 없으리라고 나는 생각한다
단물 흐르는 대지의 젖가슴에
굶주린 입술을 대고 있는 나무
하루 종일 잎새 무성한 팔을 들어
하느님께 기도 올리는 나무

여름날이면 자신의 머리카락에다가
방울새의 보금자리를 틀어 주는 나무
가슴에 눈을 쌓기도 하고
비와도 다정하게 사는 나무
나 같은 바보도 시를 짓지만
나무를 만드시는 분은 오직 하느님

킬머

**킬머** (Kilmer, Jorce / 미국 / 1886~1918) 시인 · 저널리스트. 제 1차 세계대전 때 사병으로 입대하여 프랑스 전선에서 전사하였음.

"
Sunset and
evening star,
And one clear
call for me!
And may there
be no moaning of
the bar,
When I put out
to sea,

## 모랫벌을 건너며

해는 지고 저녁별 빛나는데
날 부르는 맑은 목소리
내 멀리 바다로 떠날 때에
모랫벌아, 슬피 울지 말아라

끝없는 바다로부터 왔던 이 몸이
다시 고향으로 돌아갈 때
움직여도 잔잔해서 거품이 없는
잠든 듯한 밀물이 되어 주오

황혼에 울리는 저녁 종소리
그 뒤에 찾아드는 어둠이여!
내가 배에 올라탈 때
이별의 슬픔도 없게 해 주오

For though from
out our bourne
of Time and
Place
The flood may
bear me far,
I hope to see my
Pilot face to face
When I have
crossed the bar.
"

이 세상의 경계선인 때와 장소를 넘어
물결이 나를 멀리 실어간다 하여도
나는 바라노라, 모랫벌을 건넌 뒤에
길잡이를 만나서 마주보게 되기를.

테니슨

## 울려라 우렁찬 종이여

울려라, 우렁찬 종이여 거친 창공에
날아가는 구름, 얼어붙은 빛에
이 해는 오늘밤 사라져 간다
울려라 우렁찬 종이여, 이 해를 가도록 하라

울려 보내라 낡은 것을, 울려 맞아라 새로운 것을
울려라 흰 눈 너머로, 기쁜 종이여
이 해는 가나니 가도록 두어라
거짓을 울려 보내고 진실을 울려 맞아라

울려 보내라 보지 못할 망자들 생각으로
마음의 기력을 앗아가는 슬픔을
부자와 빈자의 반목을 울려 보내고
만민 위한 구제책을 울려 맞아라

울려 보내라 서서히 쇠퇴할 주의주장을
고리타분한 당파 싸움을
울려 맞아라 아리따운 예절과
순수한 법을 가진 고상한 삶의 양식을
울려 보내라 결핍과 근심과 죄악을
오늘의 차가운 불신의 마음을
울려라, 내 애도의 노래를 울려 보내고
더 풍요한 시인을 울려 맞아라

울려 보내라 지위와 가문의 그릇된 자만을
세상 사람들의 중상과 모략을
울려 맞아라 진리와 정의를 사랑하는 마음을
울려 맞아라 다같이 선을 사랑하는 마음을

울려 보내라 온갖 해묵은 고질병을
울려 보내라 황금을 좇는 천박한 탐욕을
울려 보내라 지나간 수천의 전쟁을
울려 맞아라 천년의 평화를

울려 맞아라 용기 있고 자유로운 사람을
더 관대한 마음과 더 다정한 손길을
이 나라의 어둠을 울려 보내고
오시게 될 그리스도를 울려 맞아라

테니슨

**테니슨** (Tennyson, Alfred / 영국 / 1809~1892) 시인. 일찍부터 시에 대한 재능이 나타나 15세 때 이미 형과 함께 시집 〈형제의 시집〉을 냄. 죽은 친구를 추도하여 쓴 대작 〈인 메모리엄〉을 1850년에 출판하여, 워즈워스의 뒤를 이어 '계관 시인'의 영예를 얻었음. 애국적인 내용과 세련된 운율미를 갖춘 시를 썼는데, 대표 작품으로는 〈왕녀〉〈이녹 아든〉〈국왕 가집〉 등이 있음.

# 제비꽃

푸른 그늘 속 화단 안에
다소곳한 제비꽃 한 송이
줄기를 굽혀 머리를 숙인 모양이
마치 사람 눈을 피하고 있는 듯

그래도 제비꽃은 사랑스럽고
색깔은 밝고 선명하여
그런 곳에 숨어 피느니보다는
장밋빛 방을 장식하는 게 어울리리라

하지만 아무런 불만 없이 피어
단정한 색깔로 차려입고
나긋한 떨기 무성한 그 속에
달콤한 향기를 꼭 안고 있다

나도 그 아름다운 꽃을 볼 수 있게
골짜기로 가게 해 다오
제비꽃이 지닌 우아하고 겸허한 길을
나도 배울 수 있게 해 다오

테일러

**테일러** (Taylor, Jane / 영국 / 1783~1824) 시인. 유명한 동요 '반짝반짝 작은 별 (Twinkle, Twinkle, Little Star!)'로 널리 알려져 있음. 시집으로는 〈Original Poems for Minds〉, 〈Hymns for Minds〉 등이 있음.

# 선물

나는 첫사랑에게 웃음을 주었고
둘째 사랑에게는 눈물을 주었다
셋째 사랑에게는 아주 오랫동안
깊고 깊은 침묵을 선물하였다

내게 첫사랑은 노래를 주었고
내게 둘째 사랑은 눈을 주었다
오, 그러나 나의 셋째 사랑은
내게 나의 영혼을 선물하였다.

티즈데일

**티즈데일** (Teasdale, Sara / 미국 / 1884~1933) 여류 시인. 개인적인 주제의 짧은 서정시를 쉬운 언어로 써서 독자들의 사랑을 받음. 1917년 〈사랑의 노래〉로 시 부분 퓰리쳐 상을 수상했음.

> It was many and many a year ago,
> In a kingdom by the sea,
> That a maiden there lived whom you may know
> By the name of Annabel Lee

# 애너벨 리

여러분도 혹시 아실지 모르지만
아주아주 오랫 옛날
바닷가 어느 왕국에
애너벨 리라 불리는
한 소녀가 살았답니다
나를 사랑하고
내게 사랑받는 것 외엔
그 무엇도 생각지 않는 소녀였답니다

나도 어렸고
그녀도 어렸지만
바닷가 그 왕국에서
나와 나의 애너벨 리는
사랑 이상의 사랑으로
사랑했답니다
하늘나라 천사들까지도 부러워할 만큼

오직 그것만이 이유였습니다
오래 전 바닷가 그 왕국에
한 조각구름에서 바람이 일어

So that her
high-born
kinsmen came
And bore her
away from me,
To shut her up
in a sepulchre
In this
kingdom by the
sea.

사랑스런 나의 애너벨 리를
싸늘하게 만들고 만 것이죠

그리하여
그녀의 고귀한 집안 사람들이 몰려와
그녀를 데리고 가고
그 바닷가 왕국의 한 무덤 속에
그녀를 가두어 버렸답니다

우리의 행복 그 반도 못 가진
하늘나라 천사들이 샘낸 거였죠
그래요, 분명 그 때문이었어요
바닷가 왕국에선 다 알다시피
밤 사이 구름에서 바람 일어나
애너벨 리를 싸늘하게 숨지게 한 것은

그러나 우리 사랑은
우리보다 나이 많은 사람들의 사랑보다
우리보다 현명한 사람들의 사랑보다
훨씬 더 강했답니다.

For the moon
never beams
without
bringing me
dreams
Of the
beautiful
Annabel Lee
;

그래서 하늘의 천사들까지도
바다 밑 지옥의 악마들까지도
어여쁜 애너벨 리의 영혼으로부터
나의 영혼을 갈라놓진 못했답니다

달빛이 비칠 때면
아름다운 애너벨 리의 꿈이
내게 찾아들고
별들이 떠오르면
애너벨 리의 빛나는 눈동자를
나는 느낀답니다

포

---

**포** (Poe, Edgar Allan / 미국 / 1809~1849) 시인·비평가·추리소설의 개척자. 환상적·괴기적인 소설과 음악적인 시를 지어, 순수시의 시론과 상징파에 큰 영향을 끼침. 〈황금충〉, 〈검은고양이〉 등의 소설이 유명함. 시집으로는 〈갈가마귀〉, 〈헬렌에게〉 등이 있음.

## 삶이 그대를 속일지라도

삶이 그대를 속일지라도
슬퍼하거나 노여워 말라
슬픈 날엔 참고 견디라
즐거운 날이 오고야 말리니

마음은 미래를 바라느니
현재는 한없이 우울한 것
모든 것 하염없이 사라지나
지나가 버린 것 그리움 되니

삶이 그대를 속일지라도
노하거나 서러워하지 말라
절망의 나날 참고 견디면
기쁨의 날 반드시 찾아오리라
마음은 미래에 살고
현재는 언제나 슬픈 법
모든 것은 한 순간 사라지지만
가버린 것은 마음에 소중하리라

삶이 그대를 속일지라도
슬퍼하거나 노여워 말라
우울한 날들을 견디며 믿으라
기쁨의 날이 오리니

마음은 미래에 사는 것
현재는 슬픈 것
모든 것은 순간적인 것, 지나가는 것이니
그리고 지나가는 것은 훗날 소중하게 되리니
삶이 그대를 속일지라도
슬퍼하거나 노여워 말라
설움의 날을 참고 견디면
기쁨의 날이 오고야 말리니

마음은 미래에 살고
현재는 언제나 슬픈 것
모든 것은 순식간에 지나가고
지나간 것은 또 다시 그리움이 되리라

푸슈킨

## 나 일찍이 그대를 사랑했었다

나 일찍이 그대를 사랑했었다
그 사랑 어쩌면 아직도 감추어진 불씨처럼
내 마음 속에 살아 있다
하지만 그것이 그대를 낙심하게 하지 말기를
차라리 잊어버리길
나는 조그만 괴로움도 그대에게 주고 싶지 않다

말없이 사랑했었다
절망적으로 사랑했었다
지금도 소심하게
지금도 질투의 마음
나는 그렇게 깊이 사랑했었다
그렇게 애절하게 사랑했었다.

푸슈킨

**푸슈킨** (Puskin, Aleksander Sergeevish / 러시아 / 1799~1837) 제정 러시아 때의 시인·소설가. 러시아 리얼리즘의 기초를 확립하여, '러시아 근대 문학의 시조'로 불림. 작품에 〈예브게니 오네긴〉, 〈대위의 딸〉 등이 있음.

"
Two roads
diverged in a
yellow wood,
And sorry I could
not travel both
And be one
traveler, long I
stood
And looked down
one as far as I
could
To where it bent in
the undergrowth;

# 걸어 보지 못한 길

노랗게 물든 숲 속에 두 갈래 길이 있었다
두 길을 다 가 볼 수 없기에
나는 서운한 마음으로 한참 서서
덤불 속으로 접어든 한쪽 길
그 길의 보이는 끝까지 바라보았다

그러다가 다른 쪽 길을 택했다
먼저 길과 같이 아름답고 어쩌면 더 나은 듯 싶었지
사람의 발길 흔적은 먼저 길과 비슷했지만
풀이 더 무성하고 사람의 발길을 기다리는 듯했다

그날 아침 두 길은 하나같이
아직 발자국에 더럽혀지지 않은 낙엽에 덮여 있었다

Two roads diverged in a wood, and I ---
I took the one less traveled by,
And that has made all the difference.
"

아, 먼저 길은 다른 날 걸어 보리라! 생각했지
길은 길로 이어지는 것이기에
다시 돌아오기 어려우리라 알고 있었지만

오랜 세월이 흐른 다음
나는 한숨지으며 이야기를 할 것이다.
'두 갈래 길이 숲 속으로 나 있었다. 그래서
나는 사람이 덜 밟은 길을 택했고,
그것이 내 운명을 바꾸어 놓았다' 라고

프로스트

**프로스트** (Frost, Robert Lee / 미국 / 1874~1963) 쉬운 문체로 인간과 자연의 냉엄한 대립 관계를 읊어 많은 사람의 사랑을 받음. 시집으로는 〈소년의 의지〉, 〈보스턴의 북쪽〉, 〈증인의 나무〉 등이 있고, 극시로 '은총의 가면극'이 있음.

## 성냥개비 사랑

고요한 어둠이 깔리는 시간
성냥개비 세 개피에
하나씩 하나씩
불을 붙여 본다

하나는
당신의 얼굴을 비추기 위해
또 하나는
당신의 눈을 보기 위해
마지막 하나는
당신의 입술을

그 후엔
어둠 속에서
당신을 포옹하며
그 모든 것들을 생각한다

프레베르

## 고엽

기억하라 함께 지낸 행복한 나날을
그때 태양은 훨씬 더 뜨거웠고
인생도 무척이나 아름다웠다
마른 잎을 갈퀴로 긁어모으고 있다
나는 그 나날을 잊을 수 없어
마른 잎을 갈퀴로 긁어모으고 있다

북풍은 모든 추억과 뉘우침을 싣고 갔지만
망각의 춥고 추운 밤 저편으로
나는 그 모든 걸 잊을 수 없었다
네가 불러 준 그 노랫소리
그건 우리 마음 그대로의 노래였고
너는 나를 사랑했고 나는 너를 사랑했다

우리 둘은 늘 곁에 있었다
그러나 남 몰래 소리없이
인생은 사랑하는 이들을 갈라놓는다
그리고 모래 위에 남겨진 연인들의 발자취를
물결은 지우고 만다

프레베르

**프레베르** (Prevert Jacques / 프랑스 / 1900~1977) 시인이자 영화 · 텔레비전의 시나리오 작가. 시집으로 〈파롤〉, 〈구경거리〉 등이 있고, 시나리오에는 〈인생 유전〉, 〈하등 관람석의 사람들〉 등이 있음.

## 그대 한 송이 꽃과 같이

그대 한 송이 꽃과 같이
그리도 맑고 예쁘고 깨끗하여라
그대를 보고 있으면 슬픔이
내 가슴 속 깊이 스며든다

하느님이 그대를 언제나 이대로
맑고 아름답고 귀엽게 지켜 주시길
그대 머리 위에 두 손을 얹고
나는 빌고만 싶어진다.

하이네

## 로렐라이

왜 그런지 까닭은 알 수 없지만
내 마음은 자꾸만 슬퍼지고
옛날부터 전해오는 이야기가
계속해서 내 마음에 메아리친다

싸늘한 바람 불고 해거름 드리운
라인 강은 소리 없이 흐르고
지는 해의 저녁 노을을 받아
반짝이며 우뚝 솟은 저 산자락

그 산 위에 이상스럽게도
아름다운 아가씨가 가만히 앉아
빛나는 머리카락을 빗고 있다

황금 빗으로 머리를 손질하며
부르고 있는 노래의 한 가락
이상스러운 그 멜로디여
마음 속에 스며드는 그 노래의 힘

배를 젓는 사공의 마음속에는
자꾸만 슬픈 생각이 들기만 하여
뒤돌아보는 그의 눈동자에는
강 속의 바위가 보이지 않는다

무참하게도 강 물결은 마침내
배를 삼키고 사공을 삼키고 말았다
그 까닭은 알 수 없으나
로렐라이의 노래로 시작된 이상한 일이여.

하이네

**하이네** (Heine, Heinrich / 독일 / 1797~1856) 낭만파의 서정시인. 유대인 집안에서 태어남. 1831년에 박해를 피하여 파리로 가서 20년 동안 병과 가난과 씨름하다가 그곳에서 숨졌음. 풍부한 인간성을 옹호하는 풍자시와 예리한 감성의 비평문과 기행문을 썼음. 시집으로는 〈노래의 책〉, 〈독일, 겨울 이야기〉 등이 있음.

## 흰구름

보라, 오늘도 흰구름은 간다.
잊어버린 아름다운 노래의
고요한 멜로디와 같이
맑은 하늘 저 편으로 간다.

멀고 먼 나그네의 길을 가며
몸 의지할 곳 없는 슬픔과 기쁨을
맛보지 못한 사람이 아니라면
저 구름의 마음 모르리.

나는 태양과 바다와 바람과 같이
하얗고 정처없는 것을 사랑한다.
그것은 고향 떠난 몸 붙일 곳 없는 사람은
누이동생이고 천사(天使)이기 때문에…….

헤세

**헤세** (Hesse, Hermann / 독일 / 1877~1962) 시인이자 소설가. 현대 문명을 비판하고 인간 내면에 숨어 있는 지성과 감성의 이중성을 파헤치는 작품을 주로 발표. 동양적인 신비 사상에도 관심을 보임. 작품에 〈데미안〉, 〈수레바퀴 밑에서〉, 〈유리알 유희〉 등이 있음.

# 옛날과 지금

나는 생각한다, 내가 태어난
그 집을 생각하노니
아침이 되면 햇살이
살짝 엿보던 작은 창
그 윙크는 너무 빠르지도 않았고
또한 너무 길었던 적도 없었다
그러나 지금에는 밤의 숨결을
멈추어 주었으면 하고 바라곤 한다

나는 생각한다, 붉은 색과 흰 색의
그 장미를 생각하노니
그리고 제비꽃과 백합화
빛으로 빚어진 그 꽃들을 생각한다
로빈새 둥지 짓는 라일락 떨기 속
내 동생이 제 생일에
금련화 심은 그곳을 생각하노니
그 나무는 지금도 남아 있다

나는 생각한다, 언제나 그네 뛰던
그곳을 생각하노니

그네 뛰며 나는 늘 하늘을 나는 제비도
이처럼 시원한 바람을 느끼리라 생각했다
그 시절 내 마음은 가벼웠으나
지금의 내 마음은 무겁기만 하여
여름날의 풀장도 나의 흥분을
깨우쳐 줄 수는 없다

나는 생각한다, 검고 높다란
전나무를 생각하노니
그 가느다란 가지는 하늘 끝까지
뻗었으리라고 항상 나는 생각했다
그것은 철없는 어린아이의 생각이었으나
지금에는 기쁨이란 거의 없나니
아이였던 때보다 천국으로부터
아주 멀리 떨어져 있음을 나는 알기 때문이다

후드

• • • • • • • •
**후드** (Hood, Thomas / 영국 / 1799~1845) 시인·소설가. 'The song of the Shirt' (1843), 'The Bridge of Sight' (1846)의 작자로 유명함. 소설도 썼으나 키츠의 영향을 받은 시가 높이 평가되고 있음.

## 그리움

만일 그대 곁에 있다면
어떤 고난과 위험도 참고 견딜 것입니다.
친구도 집도 이땅의 모든 호강도 버리겠습니다.
그대 곁에 있을 수 있다면

나는 그대를 그립니다.
육지를 그리는 밀물처럼
남쪽나라는 가을날 제비처럼
그렇게 그대를 그리워합니다

밤마다 외로이 달 아래 서서
눈 덮인 그 산을 그리는
집 떠난 알프스 아이들처럼
나는 그대를 그리워합니다.

후흐

**후흐** (Huch, Ricarda / 독일 / 1864~1947) 신낭만주의 운동의 선구자로 다채로운 시상에 바탕을 둔 낭만적인 서정시와 소설을 발표했음. 해박한 지식으로 역사와 평론 관계의 많은 저술도 남겼음.

# "I SAW in Louisiana a live-oak growing,
All alone stood it, and the moss hung down from the branches;

## 한 그루의 떡갈나무가

루이지애나에서
나는 한 그루의 떡갈나무가 자라는 것을 보았다
나무는 홀로 서 있었고
가지에서는 이끼가 드리우고 있었다
친구도 없이 그것은 기쁨의 말 지껄이듯
짙푸른 잎새들 수런거리며 자라고 있었고
그 거칠고 밋밋하고 튼튼한 모습을 보면서
나 자신을 생각한다
그러나 나는 친구도 없이 홀로 서서
어떻게 기쁨의 말처럼
잎새를 수런거리게 하는지 궁금하였다
나로서는 할 수 없는 일이기에
나는 잎새가 달리고 이끼가 잠긴
잔 가지를 꺾어가지고 와서
내 방 잘 보이는 곳에 두었다
내 절친한 친구들을 생각하기 위해
그것이 필요한 건 아니지만
그 가지는 그래도 하나의 불가사의한 표지
내게 우정을 생각나게 한다
그럼에도 한 그루의 떡갈나무가 루이지애나의

Uttering joyous
leaves all its life,
without a
friend, a lover,
near,
I know very well
I could not.
"

넓은 들판에서 홀로 햇볕에 번뜩이고 있지만
평생 친구나 애인도 없이 기쁨의 말처럼
잎새를 수런거리지만
도저히 나는 그를 흉내낼 수 없다.

휘트먼

● ● ● ■ ● ● ● ●

**휘트먼** (Whitman, Walt /미국 / 1819~1892) 시인. 빈농 출신으로, 전통적인 시형에 따르지 않고 자유로운 수법으로 사랑과 연대감, 인격주의 사상을 노래함. 작품에 시집 〈풀잎〉과 산문집 〈민주주의의 전망〉 등이 있음.

## 별하나

나는 당신의 커다란 별이 좋았다
당신의 마음을 몰라 부를 수 없었지만
달 밝은 밤
온 하늘에 깔린 달빛 속에서도
당신은 당신대로 찬란히 빛났다
오늘밤 휘몰아치는 비바람에
온 하늘을 찾아보아도
바늘만한 빛조차 찾을 수 없어
머리 숙여 돌아오는 길 옆
버드나무 꼭대기에 걸린
빛나는 당신을 보았다.

휴스

**휴스** (Hugher Ted / 영국 / 1930~1998) 시인. 거칠고 부조화스러운 시행 속에서 교활함과 야만스러움을 강조한 시를 썼음. 1984년 영국 계관 시인이 되었음.